LA LEALTAD OLVIDADA. AGUSTÍN AGUALONGO Y LA CIUDAD DE PASTO.

José Enrique López Jiménez

Título: "La Lealtad Olvidada." Agustín Agualongo y la ciudad de Pasto.
Copyright © 2016, José Enrique López Jiménez
1ª Edición.
ISBN-13: 978-84-608-7238-2
Impreso en España / Printed in Spain

A mi padre, el teniente de Infantería
Don José López de la Rosa.

ÍNDICE

BREVE RESEÑA DE LOS PRINCIPALES PERSONAJES................... I
INTRODUCCIÓN 1
Capítulo 1: SAN JUAN DE PASTO..5
Capítulo 2: AGUALONGO. SEMBLANZA Y PRIMEROS AÑOS........15
Capítulo 3: ESTALLA LA GUERRA...21
Capítulo 4: PRIMEROS ASCENSOS DE AGUALONGO 27
Capítulo 5: BATALLAS DE GENOY Y BOMBONÁ 63
Capítulo 6: BENITO BOVES... 73
Capítulo 7: LA NAVIDAD NEGRA 83
Capítulo 8: EL GUERRILLERO AGUALONGO.................................. 89
Capítulo 9: LA BATALLA DE IBARRA..107
Capítulo 10: PASTO OTRA VEZ REPUBLICANA.............................123
Capítulo 11: ACCIÓN DE BARBACOAS 143
Capítulo 12: CAPTURA Y MUERTE DE AGUALONGO 153
Capítulo 13: EL FINAL DEL PASTO REALISTA 165
CONCLUSIÓN 175
EPÍLOGO 179
BIBLIOGRAFÍA...187

"A la distancia de siglo y medio de los acontecimientos, la figura de Agualongo se ha mistificado por unos, se deprimió por otros, cuando menos se le hizo personaje de leyenda quitándole su realidad histórica. Hoy, al cabo de ese tiempo de odio y de desprecio, de incomprensión y a ratos de olvido, su ciudad nativa le recuerda como el más grande de sus hijos y le consagra monumentos, y los escritores de criterio amplio, desprovistos de prejuicios, están restableciendo la verdad acerca de ese hombre formidable que en un momento de grave responsabilidad se puso al frente de su pueblo en lucha contra todas las fuerzas desatadas de la revolución, abandonado de la misma España a la que defendía con obstinación y con fiereza, absolutamente solo. Pero con fe, lealtad y valor incomparables, con decisión superior a la de todo otro caudillo y con el heroísmo de sus gentes, superior también al de otros pueblos en lucha contra su propio destino. Su tierra, la tierra de sus padres, pereció con él, es justo que ahora honre su memoria y su historia, despojada de inútiles patrioterismos, la reivindique para el tiempo y la inmortalidad."

Sergio Elías Ortiz

"En fin de fines, el general de guerrillas pastuso don Agustín Agualongo, tan indiscutiblemente realista como los de su generación que nacieron en España, fue lo que sus hados quisieron que fuera, ofreció su vida sin un instante de vacilación a sus sentimientos, como tantos otros seres humanos a los suyos, y portándose así configuró su propia leyenda en todos sus colores y detalles, hasta en su manera de morir. Fue un admirable monumento a la lealtad que los hombres deben a sus convicciones y sentimientos."

Alberto Montezuma Hurtado

"Ha llegado el momento de que la Madre Patria, España, rinda homenaje a este ilustre hijo al que nunca conoció y que por avatares del destino nació allende los mares."

El Autor.

BREVE RESEÑA DE LOS PRINCIPALES PERSONAJES

- **Agustín Agualongo Cisneros. (1780-1824).**

Indio pastuso originario de la ciudad de San Juan de Pasto en el sur de Colombia. Abrazó la causa realista en defensa de Fernando VII durante las Guerra de la Independencia Hispanoamericana. Se alistó como simple soldado y alcanzó el grado de general. Actuó como guerrillero hasta que fue capturado y fusilado. Se le ofreció el perdón antes de la ejecución si prometía la Constitución de la nueva república y prefirió la muerte antes que adjurar de sus ideales y de traicionar su lealtad a España.

- **Simón Bolívar. (1783-1830).**

Conocido como el Libertador es el principal prócer de la independencia hispanoamericana. Nació en Venezuela y después viajar por Europa, en 1810 se unió a los conspiradores republicanos. Tras hacerse con la dirección de la revolución, fue protagonista de los principales sucesos y batallas por la Independencia de Nueva Granada y del Perú y también de las guerras de Pasto. Convertido en dictador se enfrentó a sus antiguos correligionarios. Acorralado por sus enemigos y

I

enfermo de tuberculosis se retiró a Santa Marta, donde falleció decepcionado con su obra.

- **Antonio José de Sucre. (1795-1830).**

Nacido en Venezuela, fue amigo personal de Bolívar y considerado otro de los próceres de la independencia hispanoamericana. Venció a los españoles en Pichincha y Ayacucho y fue el principal responsable junto a Bolívar de la llamada "Navidad Negra" en Pasto. Murió asesinado, aunque se desconoce con certeza quiénes fueron sus verdugos.

- **Pablo Morillo y Morillo. (1775-1837).**

General español natural de Fuentesecas, Zamora. Llamado "el pacificador", fue designado por Fernando VII para comandar la expedición que trataría de terminar con la insurrección en América. Tras los éxitos iniciales, firmó un armisticio con Bolívar y regresó a España.

- **Miguel Tacón y Rosique. (1775-1855).**

General del Ejército Español nacido en Cartagena, Murcia. En 1810 se le nombró Gobernador militar y político de Popayán, Colombia. Apoyó al cabildo de Pasto cuando éste se opuso al levantamiento contra España ocurrido en Quito. En 1811, ante el avance republicano, se refugió en Lima donde llegó con tan solo veinticinco hombres. Tras su su ascenso a Mariscal de Campo en 1819, regresó a España.

- **Pedro de Montúfar y Larrea-Zurbano. (1759-1846)**

Político y militar independentista natural de Quito. Designado por la Junta Revolucionaria quiteña para someter a la ciudad de Pasto, derrotó a las milicias realistas y entró en

Pasto cuando sus habitantes la habían abandonado. Sus tropas saquearon la ciudad hasta que Montúfar fue sustituido.

- **José Manuel Restrepo. (1781-1863).**

Político e historiador colombiano adicto a la causa republicana. Es autor de la "Historia de la revolución de la república de Colombia", obra donde refleja una visión muy parcial de lo sucedido durante la guerra de independencia contra España.

- **Joaquín Caicedo y Cuero. (1773-1813).**

Político y militar republicano nacido en Santiago de Cali. Llegó a Pasto tras el saqueo de Montúfar y trató de ganarse a sus habitantes mediante gestos de reconciliación. Las discrepancias de los pastusos con las medidas que dictó les llevaron al enfrentamiento armado. Fue vencido y capturado, aunque posteriormente liberado por Macaulay. Atrapado nuevamente, fue fusilado en Pasto.

- **Alejandro (Alexander) Macaulay. (1787-1813).**

Mercenario norteamericano natural de Virginia. Con formación médica y posiblemente masón, viajó a Colombia en 1811 para luchar por la independencia de Suramérica. Se le ofreció un alto empleo militar y posteriormente el mando de las tropas que debían atacar Pasto y liberar a Caicedo. Fue derrotado y fusilado junto a este último.

- **Antonio Nariño. (1758-1823).**

Prócer independentista, Antonio Nariño nació Bogotá. Influenciado por la ideas de la Revolución Francesa, publicó de manera clandestina la "Declaración de los Derechos del Hombre". Fue descubierto y encarcelado, pero consiguió escapar de prisión. Desde entonces luchó activamente por la Independencia de Nueva Granada, llegando a ser presidente del Estado de Cundinamarca. En 1814 fue vencido por los pastusos, hecho prisionero y llevado a España. Liberado en 1821 regresó a América donde falleció.

- **Melchor Aymerich y Villajuana. (1754-1836).**

Militar español nacido en Ceuta. Participó en la defensa de Pasto cuando fue atacada por Antonio Nariño. Posteriormente fue nombrado Presidente de la Real Audiencia de Quito y como tal tuvo que dirigir a las tropas realistas en la batalla del Pichincha (1822) donde fue derrotado por Sucre. Finalmente se retiró a la Habana donde falleció.

- **José María Espinosa Prieto. (1796-1883).**

Prócer de la independencia, participó en las fuerzas organizadas por el general Antonio Nariño durante la Campaña del Sur para someter Pasto. Además de pintor retratista, escribió la obra conocida como "Memorias de un Abanderado," muy encomiásticas con el general.

- **José Hilario López Valdés. (1798-1869).**

Militar independentista originario de Popayán y futuro presidente de la República de Nueva Granada entre 1849 y 1853. Formó parte de las tropas de Nariño durante la campaña de Pasto. Junto a Obando se sublevaron contra Bolívar quien tuvo que aceptar un acuerdo muy beneficioso para los pastusos. Dejó escrita unas "Memorias" en las que ofrece su particular visión de la guerra de independencia.

- **Estanislao Merchancano. (1778-1824).**

Nació en Pasto. Convencido realista, fue el último Teniente Gobernador de España en los Pastos. Se distinguió en varias acciones militares defendiendo la "bandera" realista. Ascendido a Teniente Coronel del ejército del Rey por su notorio comportamiento en la Batalla de Genoy, formó posteriormente parte de la guerrilla de Agualongo de quien fue su segundo. Tras la captura de Agualongo se acogió a un indulto pero fue asesinado en Pasto por orden de Flores.

- **Juan José Flores Aramburu (1800-1864).**

Militar republicano que se destacó por su crueldad y por las tropelías que cometió en Pasto. Derrotado en varias ocasiones por Agualongo, en 1830 contribuyó a la desmembración de la Gran Colombia de la que se desgajó la República del Ecuador y de la que fue su primer presidente.

- **Sebastián de la Calzada (1770-1824).**

Militar realista nacido en Sevilla. Tras el desastre español en Boyacá se retiró a Pasto donde organizó una división de 2.200 efectivos, con la cual atacó la ciudad de Popayán y la tomó. A continuación se enfrentó al general republicano Manuel Valdés quien lo derrotó en Pitayó. Regresó a Pasto pero fue sustituido por Basilio García. Con el final del dominio español en América viajó a Cuba donde posiblemente falleció.

- **Manuel Antonio López Borrero (1803-1891).**

Militar e historiador republicano. Con apenas 15 años se unió a los insurrectos pero fue apresado y obligado a servir en las filas realistas. En la batalla de Pitayó aprovechó el desconcierto y se unió a sus antiguos correligionarios. En el libro "Recuerdos Históricos" narra sus vicisitudes en la guerra.

- **Manuel Valdés (1780-1845).**

General independentista originario de la isla de Trinidad. En 1820 fue designado comandante del Ejército del Cauca. Ese mismo año derrota al general Córdoba en Pitayó. Al año siguiente es vencido en Genoy y en 1822, bajo el mando de Bolívar, tienen que retirarse en Bombiná donde se enfrentaron a Basilio García.

- **Basilio García.**

Militar realista español que arribó a Sudamérica en la expedición de Morillo siendo capitán. Con el grado de coronel estuvo destacado en Pasto, venció a Bolívar en Bombiná y detuvo la marcha del Libertador hacia el sur, pero tuvo conocimiento de la derrota de Aymerich en la batalla de Pichincha y aceptó el ofrecimiento de Bolívar de capitular de manera honrosa. Marchó hacia La Habana en 1822 y regresó a España un año más tarde.

- **José María Obando del Campo (1795-1861).**

Militar insurrecto y posteriormente político en la naciente república de Nueva Granada. Cuando estalló la guerra se alistó en el ejército español donde alcanzó el grado de teniente coronel. Se pasó a continuación al ejército rebelde en el cual llegó a general. Capturó a Agualongo en 1824. Junto a Hilario López se sublevaron contra Bolívar y consiguieron un tratado muy beneficioso para Pasto. Su obra "Apuntamientos para la Historia" es una justificación de sus actuaciones durante la revolución, pero posiblemente es quien da una visión más ecuánime de Agualongo.

- **Tomás Cipriano de Mosquera (1798-1878).**

Independentista y político colombiano que ingresó en el ejército "patriota" en 1813. En 1824 combatió contra Agustín Agualongo en Barbacoas al que hizo retroceder, pero le costó un disparo en la boca que le desfiguró y le obligó el resto de su vida a gesticular cuando hablaba, por lo que fue conocido como "el mascachochas". Su libro, "Memoria Sobre la Vida del General Simón Bolívar", fue escrito para resaltar la figura del Libertador.

- **Benito Boves.**

Militar realista español a quien se tiene por sobrino del mariscal Tomás Boves, el conocido como "León de los Llanos" en Venezuela. Benito Boves participó en la batalla de Pichincha en la que fue hecho prisionero y encarcelado en el fuerte de El Panecillo del que se fugó para huir a Pasto. Consiguió hacerse con el mando de las guerrillas pastusas y más tarde con la dirección de las tropas que se enfrentaron en varias ocasiones a Bolívar. Fue derrotado y escapó a Brasil, lugar desde el que regresó a España.

- **Bartolomé Salom Borjes (1780-1863).**

Militar e independentista venezolano. Apoyó la revolución desde sus inicios y se alistó en el ejército rebelde en el que alcanzó los más altos empleos militares. En 1823 fue nombrado por Bolívar para la jefatura del departamento de Pasto donde se condujo como un auténtico sátrapa.

- **Daniel Florencio O'Leary (1801-1854).**

Mercenario irlandés alistado en el ejército republicano del que llegó a ser general. Edecán de Bolívar al que admiraba con devoción, acompañó al Libertador en muchas de sus campañas. Dejó escrito un relato histórico sobre la guerra titulado "Memorias del General O'Leary".

- **Jose Mires (1801-1829).**

Militar español pasado a las filas independentistas. Imbuido de ideas revolucionarias, llegó a América como Capitán del Regimiento de la Reina y fue profesor de matemáticas del mismo Sucre al que inculcó sus teorías sobre la revolución. En el ejército rebelde alcanzó el grado de general y sustituyó a Salom como gobernador en Pasto comportándose con tanta crueldad y brutalidad como su predecesor. Murió asesinado en Guayaquil.

INTRODUCCIÓN

Que la Historia la escriben los vencedores es un axioma que el devenir de los siglos ha demostrado su veracidad. Que determinados pasajes históricos han sido estudiados con una visión sesgada es un corolario del axioma anterior que tiene uno de sus máximos exponentes en el estudio e investigación de la Guerra de Emancipación de nuestras colonias americanas en el primer tercio del siglo XIX.

Los alumnos españoles que tuvimos la suerte de estudiar (aunque con escasa profundidad) dicho período, aprendimos que aquella guerra fue un enfrentamiento entre españoles peninsulares y criollos americanos que luchaban por la independencia de sus países y por la libertad de los negros esclavizados y de los indios sometidos y explotados. Nombres como los de Simón Bolívar, Sucre o José de San Martín, junto con el calificativo de libertadores, pasaban a nuestro imaginario adolescente como los de auténticos héroes que luchaban por una causa justa a pesar de que se levantaron en armas contra la que hasta entonces era su nación, España.

"Al leer las obras históricas modernas que siguen realzando el heroísmo de los caudillos de la revolución americana, se tiene la impresión de que no obedecen al verdadero deseo de esclarecer la realidad histórica sino al de justificar la actual situación privilegiada de una capa minoritaria, que se precia de ser heredera de aquellos caudillos de la revolución, y de tener, por consiguiente, el derecho de gobernar los destinos de las actuales repúblicas americanas."[1]

Por el contrario, casi nadie recuerda nombres como el del general Morillo que comandó las tropas españolas que lucharon contra los sublevados o el del general Rodil, adalid de la última resistencia española en Hispanoamérica y que protagonizó una de las gestas más heroicas que se recuerdan cuando resistió los ataques enemigos en el sitio del Callao durante un año, sin esperanza de socorro alguno.

Influenciados por los historiadores americanos decimonónicos y por el análisis interesado de investigadores anglosajones y francófonos, muchos analistas españoles se dejaron llevar por las pasiones de los primeros, que escribieron sus trabajos en fechas próximas a la guerra y cuando los rescoldos de la violencia aún no se habían apagado.

"Bajo la influencia de publicistas franceses o ingleses...Nuestro historiadores escribieron literalmente la historia al revés. Cada victoria de la Patria Hispánica fue computada como una derrota y viceversa. Esta es la Historia que aún hoy se aprende en las escuelas."[2]

Sin embargo, estudios realizados en las últimas décadas, alejados ya de los hechos que acontecieron, han venido demostrando que la participación de españoles peninsulares no fue tan masiva comparada con el número de hombres implicados y que curiosamente la mayoría de las tropas españolas estaban compuestas por indios y negros criollos, que abrazaron la causa realista en defensa de los intereses de la monarquía española, lo que permite concluir que la guerra de la independencia de nuestras antiguas provincias sudame-

---

[1] Friede, Juan. La Otra Verdad. Págs. 16-17. Editorial Tercer Mundo. Bogotá. 1972.

[2] Zalamea Costa, Alberto. *Citado en:* Corsi Otálora, Luis. Los Realistas Criollos. Pág. 13. Ediciones Nueva Hispanidad. Buenos Aires 2007.

ricanas, fue una auténtica guerra civil entre españoles nacidos en su mayoría en el nuevo continente.

"He dicho poblaciones hostiles porque es preciso se sepa que la independencia fue impopular en la generalidad de los habitantes; que las clases elevadas fueron las que hicieron la revolución; que los ejércitos españoles se componían de cuatro quintas partes de los hijos del país; que los indios en general fueron tenaces defensores del gobierno del rey, como que presentían que tributarios eran más felices que lo que serían como ciudadanos de la república."[3]

No es motivo de la presente obra analizar por qué muchos nativos decidieron permanecer fieles a España y enfrentarse hasta la muerte a las tropas republicanas. Explicaciones tan peregrinas como "la ignorancia propia de los indígenas" o "una actitud típica de quienes idolatraban al rey" a quien consideraban la reencarnación de Dios en la Tierra, han jalonado los libros de historia.

"Con singulares triunfos, estas tropas indígenas tenían un ideal de fondo, fuertemente inculcado por el clero peninsular, que era luchar a muerte en defensa de su religión y de su rey. Este ideal tomó tanto arraigo en las élites blancas y en las masas populares, que llegado el momento éstas consideraron en su lectura que quienes apoyaran la independencia eran enemigos de la religión."[4]

Empero, no se ha tenido en cuenta la protección que la monarquía hispánica dispensaba a los nativos americanos, con unas leyes sin igual en ningún país colonizador, que consideraban al indio súbdito de la corona y velaba por su bienestar. España estableció en América el mejor cuerpo legal,

---

[3] Posada Gutiérrez, Joaquín. Memorias Histórico- Políticas, Tomo I. Pág. 301. Editorial Americana. Bogotá 1881.
[4] Palacios, M y Safford, F. Colombia, país fragmentado, sociedad dividida. Pág. 222-223. Norma Editorial. Bogotá 2002.

el más humanitario, incluso a nivel de hoy día: Las Leyes de Indias.

La lista de los que se decidieron por la lealtad a la corona es muy larga y está salpicada de nombres legendarios desconocidos para el público en general y casi me atrevería decir que también en círculos especializados. Nuestra intención es recordar las vicisitudes y hazañas de quien sin ninguna duda encabeza esa lista, un indio pastuso[5] (o mestizo, de esta cuestión hablaremos posteriormente) llamado Agustín Agualongo que sería recompensado por Fernando VII con el grado de general.

---

[5] Originario de la ciudad de San Juan de Pasto, en Colombia.

Capítulo 1
SAN JUAN DE PASTO

S ituada en el departamento de Nariño al sur de la República de Colombia y con más de 300.000 habitantes en la actualidad, la ciudad de San Juan de Pasto no tiene nada que ver con la Pasto que conoció Agualongo en los primeros decenios del siglo XIX. A finales del XVIII la ciudad se comunicaba con el exterior a través de las antiguas sendas indígenas convertidas en Caminos Reales por los primeros pobladores españoles. Los intercambios comerciales se realizaban a pequeñas escala con Quito y Popayán ya que la tierra producía casi todo lo necesario para la subsistencia de sus gentes. Los indígenas vestían sus tradicionales indumentarias confeccionadas por ellos mismos en sus propios telares, mientras que las clases pudientes aprovechaban la llegada de los géneros castellanos para adecentarse. La vida era tranquila y apacible a pesar de las diferencias de clase y su aislamiento contribuía a reforzar su forma de vida tradicional. La endogamia era otro rasgo característico, especialmente entre las familias acomodadas, lo que conllevaba una relación de parentesco entre casi todas ellas. Hacia 1809, el distrito de Pasto y la tenencia de los Pastos sumaban unas 24.000 almas de las que según el cabildo de la ciudad, a pregunta del gobernador realista de Popayán don Miguel Tacón y Rosique, 2000 podían ser levantadas en armas en caso de necesidad.

"Pasto contaba con una población cercana a 12.000 habitantes, tanto en la ciudad como en las zonas aledañas, mientras que más al sur los denominados Pastos, un conjunto de aldeas diseminadas en territorios altos y fríos, vivían unos 15.000 moradores. Por otra parte, la composición étnica era diferente a la del resto de Nueva Granada, pero con sorprendentes coincidencias con la de Perú (que en el decir de varios estudios extendió durante la época incaica sus dominios y su política de tributación hasta el sur de Colombia). De esta manera, y el dato reviste singular importancia, de los aproximadamente 26.773 habitantes de lo que hoy conocemos como el departamento de Nariño, el 37,6% de la población eran blancos; el 58,2% eran indígenas; el 3,4% eran mestizos y mulatos, y sólo el 0,6% eran esclavos. Como puede advertirse, el mestizaje era casi inexistente y de allí la estratificación de la sociedad en dos clases principales y claramente definidas: un blanca y una casta aborigen de gran peso demográfico. Desde entonces, Pasto era un territorio de frontera que se debatía con plena conciencia de ello entre una filiación racial, cultural, económica e histórica con la Audiencia de Quito, con el Virreinato del Perú y una relación político-administrativa con la Nueva Granada.

De otro lado, la economía pastusa fundamentalmente agrícola era similar a la de las tierras frías de la cordillera oriental. Según Anthony Mcfarlane, era una región pobre donde sólo los jesuitas parecen haber sido capaces de crear empresas agrícolas exitosas que producían lana, ganado y cereales para comerciar con las áreas de Popayán y Quito."[6]

Pero ¿Quiénes eran estas gentes que decidieron permanecer leales a España en un tiempo confuso de revolución? ¿Qué ideal les movía? ¿Cuál era su temple y su carácter que les llevó en muchos casos a preferir el sacrificio, la pérdida de vidas y haciendas, en lugar de someterse a las

[6] Ortíz, Álvaro Pablo. Rebelde desde la Tradición: La Provincia de San Juan de Pasto contra la República (1810-1824). Formas de Hispanidad. Págs. 265-266. Editores Joel Torregoza y Pauline Ochoa. Bogotá 2010.

nuevas autoridades republicanas? Y sobre todo, ¿Por qué Pasto fue leal a España?

El siguiente artículo del que se han extraído los párrafos más esclarecedores, cuyo autor es Pablo Emilio Obando Acosta, publicado en "Letras del Sur Colombiano" en 2007 y escrito en homenaje al periodista Nelson Ovidio Obando, nos dará una idea de por qué Pasto se mantuvo siempre leal a España:

El 4 de abril del año 1814 el Cabildo de Pasto responde a una misiva del General Antonio Nariño, en la que conminaba al pueblo del Sur a deponer las armas y acoger las nuevas ideas independentistas so pena de ser víctimas de una incursión por parte de los ejércitos libertadores. Los pastusos responden con franqueza e hidalguía: "Nosotros hemos vivido satisfechos y contentos con nuestras leyes, gobiernos, usos y costumbres. De fuera nos han venido las perturbaciones y los días de tribulación...".

Durante una década se cruzan continuos mensajes entre los jefes realistas y patriotas en un conato desesperado por evitar un fratricidio que, a todas luces, sería un derramamiento absurdo e innecesario de sangre. Las luchas entre los dos bandos se agudizan y fracasan los intentos epistolares y diplomáticos en su ánimo de conciliar y concitar el interés general. Pasto es sometida a todo tipo de vejámenes: fusilamientos, asesinatos, expropiaciones y destierros.

Es válido recordar que el 24 de diciembre de 1822 el Batallón Rifles comete toda clase de desmanes contra los pastusos, ya vencidos y humillados. Al respecto José Rafael Sañudo afirma: "en la horrible matanza que siguió, soldados y paisanos, hombres y mujeres fueron promiscuamente sacrificados". Fue tal la sevicia de las tropas republicanas que "la matanza de hombres, mujeres y niños, se hizo aunque se acogían a las iglesias; y las calles quedaron cubiertas de los cadáveres de los habitantes...". Sin duda alguna ocurrió en la entonces asediada Pasto, el mayor genocidio -ordenado por Bolívar y ejecutado por Sucre- en tierras de la Nueva Granada, como se ha demostrado por documentos y tradición oral, acción vituperable esta que expresa un afán desmedido de dominación y que, incluso, fue completamente criticada por testigos del hecho y personajes de esa época como el general Córdova en sus cartas familiares, por José María Obando, y por el propio edecán de Bolívar, Florencio O 'Leary, en sus "Memorias".

Pero, nos preguntamos, cuándo y en qué momento Pasto se decidió a defender la causa realista. Acaso la aseveración formulada el 4 de abril de 1814 nos brinde algunas luces sobre el asunto: "Nosotros hemos vivido satisfechos y contentos con nuestras leyes, gobiernos, usos y costumbres...". Para los pastusos era impensable cambiar de estilo de vida por cuanto los días transcurrían en una especie de monotonía feliz. Las mujeres no tenían más afanes que los que impone una buena conciencia ciudadana y los afanes religiosos; los hombres en su parcela se suponía producían lo necesario para su sustento, el de su familia y el grupo social en general. No se vivían los afanes que en otras latitudes empezaban a surgir. La producción agrícola era lo suficiente como para abastecer las necesidades de la región; la industria artesanal y textil permitía una vida holgada y tranquila. Se celebraba con estrépito el nacimiento de un príncipe y se consagraba la existencia a unos principios civiles y religiosos que mantenían el orden establecido

La pregunta lógica de los pastusos de aquellos días debió ser: ¿independizarnos, de qué?, ¿cambiar de estilo de vida?, ¿abandonar nuestra tranquilidad por una independencia incierta? ¿Por qué independizarnos de un imperio? ¿A cambio de qué? Ya las tropas republicanas habían dado muestras de su crueldad, los asesinatos corrían de boca en boca y la nueva clase dirigente había dado indicios de lo que sería el nuevo gobierno. El despotismo y la rapiña se encarnizaron en el suelo neogranadino; el lujo, la ostentación y la prebenda aparecían por doquier; se anunciaba la revolución independentista y el pueblo sufría de nuevos dolores y sinsabores al advertirse el triunfo de unas tropas republicanas ingobernables e indisciplinadas.

En el auto y proclama del Cabildo de Pasto de agosto 29 de 1809, podemos apreciar la visión clara y transparente de un pueblo, que adelantándose a los sucesos que posteriormente se presentarían en territorio colombiano, da muestras de su grandeza, pujanza e inteligencia. En dicho auto el Cabildo de Pasto se pregunta cómo se sostendrá la nueva república que se les quiere imponer a la fuerza, de dónde obtendrá los recursos para sostener a una clase que ha dado muestras de irracionalidad e injusticia y, en uso de sus principios intelectuales, opina: "veréis recargar los tributos con nuevas imposiciones que constituyan sus vasallos en desdichada esclavitud...".

...Los pastusos tuvimos la razón, no en vano en 1809 lo afirmamos: "Veréis echarse sobre las temporalidades de los regulares y venderles sus fundos, reduciéndolos a intolerable mendicidad; y últimamente: veréis recargar los tributos con nuevas imposiciones que constituyan sus vasallos en desdichada esclavitud...".

...Sí, tuvimos la razón cuando nos preguntamos: "¿Con qué otros (impuestos) podrá soportar sus erogaciones la nueva soberanía?" y sentenciamos: "Registradlo en todas las combinaciones de vuestra discreción y no las hallaréis". Y en la misma proclama de 1809 los pastusos les dijimos a los colombianos: "Aquesta es la felicidad pomposa a la patria que nos proponen. Nos halagan con palabras vacías de objeto, y luego se verán en la necesidad de arrojar el rayo tempestuoso sobre los miserables que han tenido la inconsideración de someterse a su dorado veneno...".

Las risas contra el pastuso han sido la forma insulsa como el pueblo colombiano se resiste a aceptar su fracaso colectivo, la forma grotesca de desconocer su propio error, la manera torpe de esconder sus equivocaciones. De nada le sirvió al pueblo colombiano su cuota de sangre en las revueltas "populares" de 1800, su sangre únicamente sirvió para abonar las grandes fincas de otros, de los que en realidad querían destronar a un rey para instaurar la dictadura de sí mismos.

No es fortuito que la Historia nos dé la razón. Las grandes voces siempre han estado solas y han permanecido en el ostracismo social y colectivo. Los pueblos, al igual que los hombres, necesitan ser entendidos en su real dimensión para que sean valorados; no es fatuo afirmar que entre más grande se es, mayor será el odio de los hombres y los pueblos. Pasto, cuna de héroes, de visionarios, de literatos, de mártires y de guerreros; cantera inagotable de lealtad a unos principios morales y de patriotismo; fuente eterna de talento, ciudad cantada por propios y extraños, pedazo caro de la patria que reverdece ante el menosprecio de sus hermanos y que se mantiene enhiesta ante el insulto inmerecido de su patria. Pasto, ciudad culta, pedazo del corazón que nos abriga con su Galera y nos arrulla en su destino de incomprensión ante el coraje de su palabra.

La ciudad de San Juan de Pasto y sus habitantes fueron durante 8 largos años la pesadilla de Simón Bolívar. A su indomable reacción contrarrevolucionaria habría que añadir las diferentes partidas realistas, en especial la de Agustín Agualongo, que recorrieron el sur de Colombia paseando su bandera con los blasones del rey de España. Ello le valió a Pasto unas terroríficas represalias y un castigo pocas veces igualado en la Guerra de Independencia de Hispanoamérica.

Pasto y su gente se convirtieron, durante gran parte de la campaña Libertadora, en un tremendo dolor de cabeza para el Libertador Simón Bolívar.

Fueron ocho años de sangrientos enfrentamientos, en los que nosotros podemos decir que Simón Bolívar demostró su estado bipolar al buscar en todo momento castigar de la manera más dura y salvaje a la ciudad y sus moradores, que en gran mayoría siempre insistieron en permanecer fieles a la corona española y, ante todo, a sus propios fueros.

Por eso, Pasto fue responsable de las tremendas crisis emocionales que aquejaron al Libertador durante la campaña emancipadora de España y blanco de sus más brutales ataques y de sus diatribas más explosivas y ofensivas.

¡Malditos! ¡Demonios! ¡Infames! ¡Malvados! ¡Infelices! ¡Desgraciados! Fueron entre otros los epítetos insultantes con que calificaría Bolívar a los Pastusos. No quería a este pueblo y su gente y por eso pretendía llevar a cabo su completa destrucción como se registra con las históricas ciudades de Numancia o Cartago, a las cuales él mismo hizo alusión en su oportunidad ponderando el valor y orgullo de los pastusos.

En nuestro concepto, el clímax de ese odio desaforado fue el bárbaro ataque que Bolívar ordenó contra Pasto, el cual fue ejecutado bajo las órdenes de Antonio José de Sucre, constituyéndose en un espantoso cuadro de violencia y salvajismo desatados contra una población indefensa.

En la historia tremenda de la independencia de América no hay hechos de mayor crueldad que los que se ejecutaron contra los vencidos pastusos: destierros en masa al Perú, a Guayaquil, a Cuenca; contribuciones forzosas, reclusión de mujeres, requisa de caballos, ejecuciones secretas, lanzando a los abismos del Guáitara amarrados por parejas las víctimas, despojos de bienes, redadas de hombres para formar batallones. Y esas bárbaras represiones tuvieron que soportarlas todos: los hombres del pueblo y los nobles, los clérigos y los labriegos, los indios, los mestizos y los blancos. Los tiempos heroicos de Pasto están floridos de episodios de singular grandeza de ánimo. Cualquiera de ellos es sugestionante y revelador del carácter del pueblo pastuso, dice la historia.

Al respecto, el historiador ecuatoriano Oscar Efrén Reyes, dijo: "Hubo momentos en esa campaña contra los rebeldes de Pasto, que ya no eran los simples defensores de la monarquía española, sino como los heroicos defensores de sus vidas y haciendas, y como los vengadores de la muerte cruel de sus madres, de sus padres, hijos y familiares."[7]

Para muchos autores, en ese proceso de asimilación a la cultura española tuvo bastante que ver el papel jugado por la Iglesia Católica, pero también las condiciones de aislamiento de una región tan remota como lo era Pasto y la defensa de los Resguardos por parte de los indígenas, instituciones socio-políticas creadas por la administración española para reconocer la propiedad inalienable y comunitaria del territorio de una comunidad india, regido por un estatuto especial autónomo, lo que permitía la conservación y protección de las tradiciones culturales propias. Otros estudiosos atribuyen la indomable resistencia pastusa a la esencia propia de un pueblo conformada a los largo de los siglos como señala el escritor pastuso Ignacio Rodríguez Guerrero.

"Su inquebrantable fe, su heroicidad rayana en lo temerario, su incansable laboriosidad, su extraordinario sentido de la observación, sus prolongados e inteligentísimos silencios, que recuerdan a posibles ancestros gallegos, su valor por la palabra empeñada, su habilidad en materia de artesanía, su finísimo sentido musical, su férreo tradicionalismo, su individualismo extremo, su cierta, por no decir notoria, propensión a la crítica distorsionadora y las expresiones maldicientes: su excesiva preocupación por el qué dirán, su hábito de ahondar en las diferencias sociales y de clase; su obsesión por las genealogías, pero también por su proverbial nobleza, su excelente condición de soldado que llega hasta nuestros días, su devoción mariana, su visión de la vida

---

[7] Medina Patiño, Isidoro. Bolívar, Genocida o Genio Bipolar. Págs. 59-61. Impresión Visión Creativa. Colombia. 2009.

entendida como cruzada y, en consecuencia, su senequismo que revisten sus actos, sin que ello le arrebate espacio a la cultura de lo festivo, a la ironía, a la desmitificación de lo cotidiano y a algo que se va echando de menos en otras regiones del país: memoria histórica y unidad familiar."[8]

A esto hay que sumar que la geografía de la zona era propensa a la guerra de guerrillas, una geografía abrupta y difícil que nos puede dar idea de la crudeza de aquella campaña y de la resistencia de aquellos hombres que defendieron la continuidad de España.

"Por sus condiciones topográficas y climáticas, la región de Pasto presentaba obstáculos formidables a las invasiones externas. Desplazándose hacia el sur de Popayán, la primera barrera que encontraban las fuerzas patriotas era la travesía de la cuenca del río Patía. Ésta, como la de sus muchos tributarios, era una comarca caliente y baja, en la cual, como lo demostraba la experiencia, los forasteros tenían una buena probabilidad de enfermarse. Además, debían atravesar un terreno de profundos cañones que ofrecía buenas oportunidades para las emboscadas guerrilleras, y la población afrocolombiana de esta comarca, comprometida desde 1810 con la causa realista, era muy diestra en la guerra de guerrillas. Si una fuerza invasora lograba cruzar el Patía, quedaba expuesta a las emboscadas en los desfiladeros que debía tomar para llegar a Pasto. Además, era aún más difícil penetrar el anillo exterior alrededor de la ciudad de Pasto, formado por la convergencia del río Juanambú al norte y el Guáitara al sur. Ambos ríos tenían rápidos turbulentos, en canales profundos de paredes empinadas y rocosas. Así, la ciudad podía defenderse fácilmente colocando tropas en los cañones de los ríos. Como aprendieron los ejércitos patriotas, primero en 1812 y luego en 1814, si estos estaban defendidos, los intentos de pasarlos podían ser muy costosos, si no imposibles."[9]

[8] Rodríguez Guerrero, Ignacio. Carácter del Pueblo Nariñense. Págs. 33-35. Cultura Nariñense Nº 18. Colombia 1969.
[9] Palacios, M. y Safford, F. Op. Cit. Pág. 224.

Guerra de guerrillas de larga práctica en España y que quizás heredaron los pastusos a través de los genes ibéricos de sus antepasados.

"En la modalidad de guerra informal, irregular, compuesta por bandas o partidas, contaba en la propia España con una larga tradición. Episodios de confrontaciones bélicas en épocas diferentes, como los enfrentamientos de los peninsulares contra los cartagineses al mando de Amílcar Barca; las célebres emboscadas de Viriato de las que fueron víctimas las arrogantes y disciplinadas legiones romanas; la prolongada guerra de reconquista contra los moriscos, ese factor sorpresa empleado a fondo contra las fuerzas imperiales napoleónicas, o durante la guerra civil española (1936-1939), los dos bandos en disputa a muerte (el nacional y el republicano) que acudieron en más de una ocasión a este combate no convencional, dan fe de que más que el empleo del armamento son la geografía, el terreno y las áreas de montaña las que permiten la victoria o la derrota, dependiendo en mayor o menor grado del conocimiento y del dominio que sobre la topografía se tenga. Históricamente, pues, la accidentada topografía del territorio español ha favorecido el recurso bélico de lo inesperado, a la par con los procesos creativos e imaginativos, que esta informalidad armada permite.

El español tiene intuición nativa de la guerra de montaña, donde no pocas veces salen caudillos geniales fuera del propio ejército. Tiene el sentido exacto de la dosificación en ella, es resistente como pocos a la fatiga y excelente andarín. En este sentido, el soldado español no tiene superior, no tiene semejante, en la guerra de montaña."[10]

Esta tenaz resistencia de las gentes de Pasto a la asimilación republicana les granjeó el repudio y por qué no decirlo, el odio visceral de Bolívar como demuestran varias cartas de entre las cuales seleccionamos la siguiente por su especial virulencia y que fue remitida por el Libertador venezolano al general Santander en 1825.

---

[10] Días de Villegas y Bustamante. *Citado en* Ortíz, Álvaro Pablo. Op. Cit. Pág. 260.

"Los pastusos deben ser aniquilados y sus mujeres e hijos transportados a otra parte, dando aquel país a una colonia militar. De otro modo, Colombia se acordará de los pastusos cuando haya el menor alboroto, aun cuando sea de aquí a cien años, porque jamás se olvidarán de nuestros estragos, aunque demasiado merecidos. Pasto es la puerta del sur y si no la tenemos expedita, estaremos siempre cortados, por consiguiente es de necesidad que no haya un solo enemigo nuestro en esa garganta."[11]

De estas amenazas ya habían tenido buena cuenta los pastusos durante la llamada "Navidad Negra" de 1822 de la que hablaremos posteriormente y que supuso una de las páginas más lúgubres de la Guerra de Independencia Hispanoamericana.

---

[11] Carta de Simón Bolívar a Francisco de paula el 21 de Octubre de 1825. En Lecuna, Vicente. Cartas del Libertador. Tomo V. Pág. 140. Lit. y Tip. del Comercio. Caracas, Venezuela.

Capítulo 2
AGUALONGO. SEMBLANZA Y PRIMEROS AÑOS

Para entender a Agualongo, hemos de comprender en primer lugar el sentido del honor español heredado a través de siglos de formación de la conciencia hispana que prima el orgullo de sangre, la lealtad a la palabra dada y la creencia de que la sociedad debe regirse por los principios de honradez y bondad. Un concepto del honor que mide el valor de una persona ante sí misma y ante los demás. La tradición, la religión y la legitimidad monárquica garantizan la continuidad del estatus establecido y la fidelidad a estos principios son consecuencia de la visión que Agualongo y sus seguidores tienen del mundo en el que viven.

El mismo Agualongo y sus lugartenientes tenían por vía de la fe y la lealtad, absolutamente claro el concepto del honor. Bajo estos parámetros está la explicación de su negativa radical al rechazar los permanentes ofrecimientos que la alta oficialidad de Bolívar le hacía, a condición de cesar su lucha de guerrillas y unirse codo con codo con las fuerzas patriotas, incluso, hasta el momento inmediatamente anterior a su fusilamiento (y en ese gesto hay nobleza unida con admiración), le ofrecieron el grado de general de la república. Gesto ante el cual el héroe regional diría: "no lucho por títulos sino por un solo ideal, juré defender al rey de España y lo haré hasta la muerte."[12]

El nuevo orden republicano atenta contra ese ideal y por ello Agualongo y todo Pasto se resistirán al él. Su lealtad a esos principios engrandecerá su gesta y la harán más hermosa si cabe a los ojos de la posteridad.

Pero he aquí la paradójica grandeza: en un mundo donde todos, o bien con autenticidad o bien con imposturas históricas, predican el cambio, el espíritu más revolucionario es aquel que defiende la tradición. España, la que gobernaba y controlaba el orbe desde el monasterio de El Escorial, donde Santa Teresa de Ávila hablaba y escribía como un soldado, se hace grande cuando el gusto y la grandeza de sus tradiciones es asumida como una conciencia de su propio valor, capaz de asimilar, para reafirmarla, todas las posibilidades culturales, humanas y estéticas del mundo que la rodea. Es suya una solidez gótica y cristocéntrica que le permite, al lado de los discípulos de Ignacio de Loyola, oponerse al sombrío universo calvinista, y en general, al desborde capitalista a secas, tan propio de los lugares humanos más fríos, racistas, más despiadadamente pragmáticos y elaborados sin más posibilidades de "ventilación" que las proporcionadas por el estigma de lo novedoso, y por la construcción de grandes factorías económicas.

Ese y no otro fue el orden que defendió Agustín Agualongo hasta ser condenado a morir por tropas republicanas, el 14 de julio de 1824, en la Plaza Mayor de Popayán. Su grito "¡Viva el rey!", que profirió en atrevida voz de desafío, no reflejaba tan sólo una frase de ocasión o conjuro o una exclamación de radical desprecio. Era en realidad el grito de una colectividad, que resumido en la garganta del formidable guerrero momentos antes de la "intensa emoción de morir", parecía decirle al mundo de su tiempo: "así viven y mueren los verdaderos hombres."[13]

---

[12] Arturo Bravo, Jorge A. Hombres Ilustres de Nariño. Pág. 13. Ministerio de Gobierno. Colombia 1989.

[13] Ortíz, Álvaro Pablo. Op. Cit.

A finales de agosto de 1780 venía al mundo en San Juan de Pasto el legendario caudillo realista Agustín Agualongo. A pesar de que muchos ensayistas se han dejado embaucar por las manifestaciones de desprecio lanzadas contra él en los primeros escritos históricos posteriores a la guerra carentes de toda objetividad y llenos de rencor hacia quien había puesto en jaque a las fuerzas republicanas durante varios años, en los que se le trata cuando menos de "indio ignorante" y se hace burla de su apellido y orígenes, hoy está demostrado que no era indio sino mestizo y ni mucho menos ignorante.

En los libros parroquiales de la catedral de San Juan Bautista de Pasto están depositadas las partidas de nacimiento y confirmación descubiertas por monseñor Mejías y Mejías, que contradicen lo anterior y aclaran quienes eran sus padres y la veracidad de su apellido.

Bautismo: "En veinte y ocho de agosto de mil setecientos y ochenta, bauticé, puse óleo y crisma a Agustín de edad de tres días, hijo legítimo de Manuel, criollo indio, y Gregoria Sisneros, montañesa. Fue madrina Cathalina Pérez, a quien advertí el parentesco que contraía y obligación de educarlo en la Doctrina. De que doy fe. Firmado Manuel Ribera". (Libro N° 5. Años 1780-1794. Folio 5).

Confirmación: "Agustín Agualongo, hijo legítimo de Manuel Agualongo y Gregoria Sisneros. Bautizado en esta iglesia. Fue padrino don Salvador Zambrano". (Libro de confirmaciones, año 1800).[14]

Luego era hijo de un indio criollo y de una mujer posiblemente humilde pero no india, ya que la partida de bautismo sólo menciona que era montañesa. Agualongo por tanto era mestizo. Poco más se sabe de su niñez y su juventud hasta que decide enrolarse en el ejército del rey. Tampoco era un ignorante iletrado como se ha pretendido encasillar. Se ha

---

[14] Elías Ortíz, Sergio. Agustín Agualongo y su Tiempo. Pág. 22. Editorial Elocuencia. Bogotá.1987.

conservado su firma que denota que sabía leer y escribir y lo que es más importante, cuando se alista en el ejército manifiesta que su profesión es la del pintor al óleo, empleo al que no se dedican las clases muy pobres sino que es propio de la clase media baja a la que seguramente pertenecía.

Era por tanto una persona instruida de quien su ficha de filiación señala que su color de piel era "preto" y tenía "poca barba", rasgo este último que nos confirma su mestizaje ya que los indios puros americanos son barbilampiños. No era muy alto, superaba el metro y cincuenta por pocos centímetros, pero su escasa estatura la compensaba con una fuerte complexión que le permitió resistir durante años la fatigosa vida de guerrillero.

Compañía 3ª de milicias del cargo del capitán Don Blas de la Villota. Filiación:

Juan Agustín Agualongo, hijo legítimo de Gregoria Almeida y de Manuel, natural y vecino de esta ciudad de Pasto de la Gobernación de Popayán; su oficio, pintor al óleo, su edad, más de veinticinco años; su estado casado, pero divorciado legalmente; su Religión, C.A.R..;[15] su estatura cinco pies;[16] sus señales, éstas: Pelo y cejas negras; ojos pardos; nariz regular; poca barba; algunas cicatrices debajo de los ojos, semejantes al carate; cari-abultado; color preto bastante abultado el labio superior; sentó plaza voluntario, para servir por el tiempo de la voluntad de Nuestro Soberano, hoy 7 de marzo de 1811 y firma esta filiación, a presencia de los dos sargentos 1° y 2° de la misma compañía.[17]

Agustín Agualongo. –José Mariano Maya. –José Mesías.

Apruébese este individuo. Santa Cruz.

El hecho de que no se señale su verdadera edad, más de treinta años, sino que se indique de más de veinticinco, se debe a que esta edad era la necesaria para alistarse. El nombre de

---

[15] Católica, Apostólica, Romana.

[16] Un metro y cincuenta y dos centímetros.

[17] Elías Ortíz, Sergio. Op. Cit. Pág. 107

Juan que figura delante de Agustín es posiblemente el nombre que se le dio en la confirmación. El apellido de la madre Almeida, no coincide con el de Sisneros, que es el que aparece en la partida de bautismo. Seguramente ambos fueran los dos apellidos de la madre (desconocemos en qué orden), si bien el de Almeida tenía más significación social y quizás por ello lo dio Agualongo en su filiación.[18]

Llama la atención que también declare que es divorciado en una época de estricta moralidad y sometimiento a los cánones de la fe católica. Hemos de suponer que ese divorcio implicaba la nulidad eclesiástica aunque se desconoce las causas y motivos. Su mujer (o deberíamos decir exmujer), se llamaba Jesús Guerrero y tuvieron una hija llamada María Jacinta que nació el 13 de septiembre de 1802. Se desconoce qué fue de ambas tras el divorcio y posteriores vicisitudes del exmarido y padre. La partida de casamiento de Agustín Agualongo y la de bautismo de su hija María Jacinta, también fueron descubiertas por monseñor Mejía.

En 20 y 2 de enero de 1801, precedidas las proclamas, y de ellas no haber resultado impedimento, de los que previene el derecho, exploradas las voluntades ante testigos, que lo fueron Manuel Bargas, Juan Dorado, Domingo de la Espada, casé y velé a Agustín Agualongo con Jesús Guerrero. Fue su padrino Ramón Escobar y…(f) Aurelio Rosero. (Libro N° 2 de 1778 a 1828. Fol. 153).[19]

---

[18] Elías Ortíz, Sergio. Op. Cit. Pág. 107

[19] Elías Ortíz, Sergio. Op. Cit. Pág. 108

Capítulo 3
ESTALLA LA GUERRA

L a situación creada en España tras la invasión napoleónica, llevó en la América Española a la formación de una serie de juntas que inicialmente se mantuvieron leales a Fernando VII pero que pronto evolucionarían hacia una posición claramente rupturista con la metrópoli. En Quito, al expandirse el rumor de que las autoridades pensaban aceptar el régimen Bonapartista, se produjo una revuelta que destituyó a las élites gobernantes e instauró una junta presidida por el marqués de Selva Alegre don Juan Pío Montúfar y de la que formaron parte varios nobles y el obispo de la ciudad. La junta proclamó el 10 de agosto de 1809 la obediencia a Fernando VII y la defensa de la religión en un manifiesto de clara vocación autonomista que dirigía al pueblo y al ayuntamiento de Quito. Sin embargo, leyendo entre líneas el oficio enviado a Popayán y a San Juan de Pasto, podemos deducir cuales eran sus verdaderos objetivos que no eran otros que la separación de España. En el escrito, el marqués de Selva Alegre le decía al ayuntamiento de San Juan lo siguiente:

"Habiendo la nación francesa subyugado por conquista casi toda España, coronándose José Bonaparte en Madrid y estando extinguida por consiguiente la junta central que representaba a nuestro legítimo soberano, el pueblo de esta capital fiel a Dios, a la patria y al rey, no sólo temeroso de ser entregado a la inocua dominación francesa, sino convencido de que ha llegado el caso de corresponderle la reasunción del poder soberano, se ha congregado y declarado haber cesado legítimamente en sus funciones los magistrados que las ejercían con la aprobación de la dicha suprema junta representante extinguida.

En consecuencia ha creado otra igualmente suprema e interina, con el tratamiento de majestad, para que gobierne a nombre del señor don Fernando VII (que Dios guarde) mientras que su majestad recupera la Península, o viene a imperar en la América, eligiéndome presidente de ella, con tratamiento de alteza serenísima.

Tengo el honor de participarlo a usía, para su inteligencia; y espero que tomando en consideración la dependencia en que ha estado siempre esa provincia del tribunal supremo de justicia establecido en esta capital: las relaciones de comercio que tienen en este reino, de que no pueden prescindir para su subsistencia; el justo aprecio que aquí hacemos de la probidad y talentos de sus habitantes, la elevación a la que la llevaríamos en el evento de una total independencia; la dificultad de poderla ella conservar hallándose en medio de dos reinos superiores en fuerzas y recursos; y finalmente la necesidad que tendrá éste de arreglar sus límites, proporcionándole una posición fronteriza capaz de consultar a su mayor seguridad, la cual puntualmente se halla de la parte de allá de esa ciudad, acordará sin duda preferir en reunirse en Quito más bien que en Santa Fe que está a mayor distancia y que nada le interesa. En este caso podrá usía remitir a la mayor brevedad el representante que se elija y nombre, el que deberá disfrutar por ahora y mientras se organizan las rentas del estado, 2000 pesos anuales de sueldo, según lo tiene determinado la soberanía del pueblo."[20]

El documento llegó a San Juan seis días después del manifiesto de Quito. Los próceres de la apacible Pasto no daban crédito a lo que leían. Frases como "…la elevación a que la llevaríamos en el evento de una total independencia" (de España, claro está) debieron sumir en la indignación a los Pastusos que veían lo ocurrido en Quito como una traición a la patria y a su amado rey Fernando VII. El cabildo acordó remitir el "infame" escrito al gobernador de la Provincia en

---

[20] Elías Ortíz, Sergio. Op. Cit. Págs. 61-62.

Popayán don Miguel Tacón y Rosique, solicitándole también el envío de armas y tropas para defenderse de la junta de Quito en caso de que ésta decidiese atacar Pasto para obligar a sus gentes a aceptar tan "siniestro" manifiesto. En la solicitud los pastusos declaraban estar dispuestos "a sacrificar la última gota de sangre para la defensa de la religión, del rey nuestro señor don Fernando VII, de la patria y de nuestras legítimas potestades."[21] Al mismo tiempo se pedía a los vecinos en edad militar que se presentasen voluntariamente en el ayuntamiento para alistarse. Cuando Tacón recibió el acuerdo de la corporación respondió que subscribía lo pactado y que notificaba la felonía de Quito al Virrey en Santa Fe. También contestaba que había dado las órdenes oportunas para que una compañía de cien hombres bajo el mando del capitán Francisco Angulo, se trasladara a Pasto para proteger la ciudad a la vez que pedía al cabildo que cortara toda comunicación con Quito y que se tratara a la junta y a quienes la apoyasen como a verdaderos enemigos. A pesar de que el marqués de Selva Alegre envió a uno de sus representantes, don Manuel Zambrano, para calmar los ánimos en San Juan, la desconfianza de la corporación hacia todo lo que llegaba de Quito y la torpeza de Zambrano, movieron al ayuntamiento de Pasto el 16 de septiembre a reclutar milicias para protegerse de una posible invasión quiteña.

No iban muy desencaminados los representantes de Pasto cuando solicitaron al gobernador Tacón refuerzos de armas, municiones y soldados. Además, tomaron las medidas necesarias para evitar un posible ataque de las milicias de Quito en la comarca. Selva Alegre y el resto de junteros creyeron que su rebelión sería seguida con entusiasmo en toda la provincia. A fin de cuentas, habían seguido el ejemplo de las juntas regionales creadas en España tras el exilio de Fernando VII y

---

[21] Elías Ortíz, Sergio. Op. Cit. Pág. 61.

la invasión napoleónica de la península, pero se encontraron con la pertinaz oposición de Pasto y otros municipios. Su objetivo de una posible independencia se vio como una traición por mucho que prometieran obediencia y fidelidad al rey cautivo.

Para terminar con la resistencia pastusa, la junta rebelde decidió emplear la fuerza y formó una unidad de voluntarios de unos quinientos hombres a la que se denominó la Falange y que puso a las órdenes del teniente coronel Francisco Javier Ascázubi. Cuando en San Juan se tuvo conocimiento de las medidas tomadas en Quito, se informó al gobernador Tacón quien reforzó la fuerza del capitán Angulo con el envío de más hombres, armas y municiones llevados por don José Antonio Balcázar que trasladó a Pasto el agradecimiento del virrey por la lealtad demostrada. La noticia de la aproximación de fuerzas represoras procedentes de Quito obligó a la corporación a formar dos compañías de milicias, una mandada por don Blas de la Villota y otra por el capitán Miguel Nieto Polo, esta última se encargaría de preservar el paso de Funes. El enfrentamiento que se iba a producir en Funes es considerado por muchos historiadores como la primera acción bélica de la guerra de independencia en Hispanoamérica. La llegada el 13 de septiembre de Angulo y sus tropas levantó el ánimo de la ciudad que confiaba en su resistencia.

Un mes más tarde, el 16 de Octubre, arribaban a Funes las milicias de Quito que se topaban con los hombres del capitán Nieto Polo. El choque fue favorable para Polo y la victoria obligó a otras fuerzas atacantes, que se dirigían a Pasto por otros puntos, a retirarse. El parte enviado por el capitán al cabildo de la ciudad explica cómo fueron los combates.

Sabiendo que el enemigo, situado desde el día 13 del corriente al otro lado del río de Guáitara, en frente de nuestro Cuartel, tenía ciento ochenta y tres hombres, y esperaba reforzarlos con los auxilios que teníamos noticia, venían de

Ipiales por Chapal, temiendo que lo verificase porque empezaba ya a levantar su campo, y se retirase de un punto en que su ignorancia lo había colocado, y que reunido en otro ventajoso sería difícil acometerle, dispuso de común acuerdo con los demás señores Oficiales de este Destacamento, que pasasen por arriba de la tarabita, nadando, o como pudiesen, noventa y siete hombres con lanzas y espadas, al mando del Teniente de la 5ª Compañía Dn. José Soberón y del Subteniente de la 6ª, Dn. José María Delgado y Polo. Al mismo tiempo pasaron por el lado de debajo de la tarabita ochenta hombres armados también con lanzas y espadas, al mando del Teniente de la 4ª Compañía, Dn. Francisco Javier de Santacruz y Villota, del de la 6ª, Dn. Juan María de la Villota y del Subteniente de la 5ª, Dn. Lucas de Soberón.

Por el centro y al frente del enemigo, que es el punto donde se pone la tarabita, pasé yo con el Capitán de la 4ª, D. Tomás Miguel Santacruz y Villota, el de la 5ª, Dn. Ramón de Benavides y el Teniente de la de Yacuanquer, Dn. Lucas de Benavides, con treinta y cinco fusileros de la Compañía de Popayán y otros de la de Pasto, al mando del veterano Luis Luengo, que hacía de Sargento, en que iba también de voluntario el cabo de Dragones, Dn. Juan José Polo y Santacruz, y los distinguidos Dn. Carlos y Dn. José Ibarra y Burbano. Inmediatamente que pasaron las tropas al otro lado del río, marcharon todas contra el enemigo, que se había situado en una meseta a distancia de tiro de fusil, con tres piezas de cañones- de bronce de vara y cuarta de largo y cinco dedos de diámetro interior, doce fusiles, varios pares de pistolas y el resto de la gente armada con lanzas y otras armas blancas.

Al aproximarse nuestras tropas, pusieron bandera blanca los enemigos, con cuyo motivo se adelantó el Teniente de la 6ª Compañía, Dn. Juan María de la Villota, previniéndoles rindiesen las armas; pero la contestación fue pegar fuego a los tres cañones, que no causaron avería alguna, porque al fogonazo se postraron de bruces los nuestros, e inmediatamente avanzados, y aunque hicieron bastante resistencia, se rindieron después de tres cuartos de hora de combate; de nuestra parte sólo murió el soldado de la 2ª Compañía, Pedro Díaz Lucena, quien creyendo que se habían rendido abrazó a uno de los enemigos que le extendió los brazos, y al hacerlo con otro que se los alargó también, le tiró el mismo un pistolazo; y después de muerto le dieron varias lanzadas y palos; salió herido Felipe Hurtado de la Compañía de Patía, con una estocada cerca de la pontezuela del brazo izquierdo. De los enemigos han muerto algunos, cuyo número se ignora, por haber muchas concavidades y peñascos en el campo de batalla, el que se reconocerá mañana.

Hemos hecho ciento siete prisioneros hombres y ocho mujeres con dos hijos.

También hemos cogido algunas balas de cañón y fusil, pólvora y metralla, lanzas, fusiles y pistolas, algún dinero, caballerías y monturas y otros pertrechos de boca y guerra, cuyo número, peso y medida aún no se ha podido puntualizar.[22]

A comienzos de 1811 se redacta un nuevo bando por el que el ayuntamiento llama a filas a todos los mozos mayores de 21 años. Agualongo responde a esta llamada y como hemos visto es aceptado en la 3ª compañía de milicias del capitán de la Villota. Iniciaba su fulgurante carrera militar el futuro caudillo realista de Nueva Granada.

[22] Guerrero Herrera, Gustavo. Documentos históricos de los hechos ocurridos en Pasto en la guerra de la independencia. Págs. 37-38. Imprenta del Departamento. Pasto (Colombia). 1912.

Capítulo 4
PRIMEROS ASCENSOS DE AGUALONGO

La humillante derrota de los republicanos en Funes tenía que ser vengada. A mediados de 1811 organizaron una fuerza de algo más de 1200 hombres comandada por el coronel Pedro Montúfar y en la que actuaba como segundo en el mando el también coronel Feliciano Checa, para castigar a la rebelde Pasto y acabar con el tenaz foco monárquico. Montúfar partió hacia Pasto haciendo prisioneros en el camino a un pequeño contingente de 200 hombres (dejados por los realistas detrás de las líneas enemigas para hostigar la marcha de la columna independentista) mediante el engaño de hacer pasar a varios de sus soldados por pastusos que los condujeron a un lugar convenido. Montúfar fusiló a los oficiales realistas de la pequeña fuerza y prosiguió su camino hacia San Juan.

El soldado Agualongo estaba destacado con su compañía en uno de los puntos fuertes que se habían organizado para la defensa de la ciudad. Las tropas pastusas no alcanzaban los 500 milicianos que se defendieron enconadamente dando grandes muestras de heroísmo a pesar de sufrir muchas bajas y ocasionar en el enemigo, que había recibido cuantiosos refuerzos, numerosos muertos. Los quiteños, dirigidos por Montúfar, fingieron atacar el Guáitara, mientras Checa simulaba asaltar el paso por Funes, pero los pastusos descubrieron el engaño y concentraron mayor número de tropas en el paso del río Téllez por donde en realidad se produciría el esfuerzo principal de los "patriotas." La lucha fue cruenta. El comandante realista don Miguel Nieto Polo y sus apenas trescientos voluntarios, que defendían el puente, dieron muestras de excepcional coraje, pero les fue imposible resistir la embestida de dos mil enemigos que forzaron el paso del río. Las bajas fueron considerables. Polo consiguió retirarse a una posición más retrasada mientras los independentistas continuaban su avance. Envalentonadas por el éxito, cuatro compañías republicanas progresaron hasta la garganta de Calabozo, donde fueron emboscadas por los realistas quienes les ocasionaron un elevado número de muertos. Sim embargo, los insurrectos de Quito recibían continuamente refuerzos, al contrario que los pastusos que no podían reponer sus continuas mermas. El 18 de septiembre tuvo lugar el asalto final. Los combates fueron encarnizados, sin cuartel para los rendidos. Al anochecer, los pastusos, extenuados y superados en número, se retiraron hacia Yacuanquer en un último esfuerzo para detener el avance enemigo. Eran menos de quinientos hombres para hacer frente a los más de tres mil soldados de Checa.

La escasez de fuerzas obligó a los realistas a descuidar el paso del Guáitara por el Camino Real. Esta situación fue aprovechada por Montúfar para sorprenderlos por la espalda el día 21. Para no caer prisioneros, los pastusos tuvieron que retirarse. Continuaron luchando con entereza, pero todo fue inútil, a pesar de que consiguieron apresar a una columna enemiga a la que hicieron treinta muertos. Esto exasperó los ánimos de Montúfar y Checa que sin más resistencia se dirigieron a San Juan, donde entraron el 22 de septiembre. El ejército de Pasto quedó prácticamente aniquilado, a pesar de que en todo momento había dado pruebas de abnegado valor y espíritu de sacrificio.

La diferencia en número, la falta de armamento y la escasa instrucción de los defensores terminó con su derrota, lo que supuso la entrada de Montúfar y Checa en la ciudad. Los pocos realistas que no habían caído en los combates o habían sido cogido prisioneros huyeron a las montañas para reorganizarse y esperar acontecimientos. Entre ellos iba el soldado Agualongo que había luchado valientemente y había conocido la crueldad republicana. Cuando la soldadesca entró en la ciudad se la encontraron desierta. Sus habitantes habían huido temerosos de las represalias a las que eran dados los llamados "patriotas". Las casas desiertas fueron saqueadas por las huestes de Montúfar que pasaron como una plaga. Estas acciones reforzaron los sentimientos monárquicos de los pastusos y el convencimiento de que la causa de Dios y del rey era la justa. El historiador José Manuel Restrepo, afín a la república, relató lo sucedido como vemos a continuación.

"En aquellos días la división de Quito, mandada por don Pedro Montúfar, aún no había conseguido vencer la obstinación de los Pastusos. De nada sirvieron las cartas y oficios pacíficos dirigidos al comandante de las tropas de Pasto, quien respondiera denegándose a toda especie de transacción. Entonces avanzaron los Quiteños por el paso del río Guáitara llamado de Funes, trabóse el combate en el campo de Guapuzcal, a las márgenes del río Blanco, y los pastusos fueron derrotados, perdiendo algunas armas y municiones. En consecuencia hubo una dispersión completa de los realistas, y los Quiteños ocuparon la ciudad de Pasto el 22 de septiembre. Halláronla abandonada de gran parte de sus vecinos y de casi todas las autoridades.

Luego que el presidente Caicedo supo este suceso, se trasladó inmediatamente a Pasto en los últimos días de septiembre, llevando cincuenta hombres. Le siguieron unos seiscientos de las tropas de Popayán, los que en su mayor parte eran naturales del valle del Cáuca y llamados entonces caleños. Halló la ciudad como una plaza que hubiera sido ocupada por enemigos a viva fuerza, fugitivos sus habitantes y ocultos en los bosques y retiros. Dedicose Caicedo a consolar a los que habían sufrido, y a llamar a sus casas a los fugitivos y escondidos. A todos ofrecía seguridad en sus personas y propiedades, lo que cumpliera religiosamente. También hizo estos ofrecimientos y actos de beneficencia respecto del doctor Tomás de Santacruz, teniente gobernador de Pasto, el realista más fanático y decidido por la España, de sus hijos, de los Villotas, Delgados y de otros varios."[23]

El 24 de septiembre se presentó don Joaquín Caicedo y Cuero en Pasto y como dice Restrepo, la ciudad estaba arrasada. Caicedo era un hombre ilustrado de elevada formación que intentó ganarse a los pastusos mediante la palabra y no con venganzas. Hemos de reconocerle el mérito de emplear medios pacíficos para atraerse a los realistas de Pasto. Caicedo consiguió detener los desmanes de las tropas de Montúfar, que finalmente se retiraran de San Juan, quedando acuartelados en la ciudad únicamente los soldados que él había traído consigo y que no habían participado en los saqueos. El buen hacer del prócer republicano logró que el cabildo de Pasto hiciera una declaración de aceptación del nuevo régimen y adhesión a la causa de la independencia. No obstante, Caicedo no las debía tener todas consigo porque publicó un bando que en términos generales ofrecía pasaporte para abandonar la provincia a todo ciudadano secular o eclesiástico descontento con el nuevo gobierno. Si no se acogían a lo anterior y conspiraban contra los nuevos dirigentes, serían tratados como traidores. Exigía también la entrega de todas las armas blancas y de fuego que hubiere en la ciudad y amenazaba con el castigo a quienes las retuvieran o no denunciasen a quienes las ocultasen. La mayoría de la población no obedeció y el citado bando fue seguido de un nuevo decreto donde Caicedo se mostraba más severo con los Pastusos y en el que señalaba como traidores a la patria a quienes mantuvieran en su poder armas o no delatasen a quienes las tuvieran.

---

[23] Restrepo, José Manuel. Historia de la revolución de la república de Colombia. Tomo Primero. Pág. 116. Imprenta de José Jacquin. Paris. 1858.

Por diversos motivos, Caicedo se vio en la necesidad de salir hacia Quito a principios de 1812 cediendo su puesto al teniente Francisco Muñoz. Además, se llevó a casi toda la guarnición de Pasto dejando sólo a unos pocos oficiales y soldados en la creencia de que la ciudad ya había entrado en el "redil" pro independencia. Dos meses después de su marcha se produjeron algunos altercados con la escasa tropa presente que obligaron a Caicedo a acelerar su regreso a San Juan. El 13 de mayo se presentaba nuevamente en la ciudad donde los tumultos habían ido en aumento. Emitió una orden prohibiendo la salida de la ciudad de cualquier habitante y declarando traidores a quienes se habían unido al enemigo. Volvió a demandar la entrega de las armas so pena de ser declarado enemigo de la patria. Prácticamente nadie obedeció el mandato. Muy al contrario, continuaron las revueltas. Caicedo cometió el error de retirar un contingente de tropas patriotas (apenas 200 soldados) acantonadas en Patía para reprimir cualquier atisbo de revuelta realista y se los trajo a Pasto para defender el municipio. Ello permitió a los patianos levantarse nuevamente y aliarse con los restos del ejército pastuso que había huido a las montañas. Juntos marcharon hacia San Juan de Pasto. En el camino se les unieron numerosos indígenas adictos a la causa del rey y vecinos contrarios a la república dirigidos por el religioso Pedro Sañudo y por un notable del municipio llamado Ramón Zambrano. El 20 de mayo de 1812, tras nueve horas de combates por las calles y plazas que dejo un reguero de cadáveres, Caicedo aceptó las condiciones de capitulación y se rindió. Pasto era otra vez realista.

Los vecinos de esta ciudad, invitados por algunos del valle de Patía y especialmente del Presbítero Don Pedro Sañudo y Don Ramón Zambrano, se fueron reuniendo secretamente en las inmediaciones con las armas que habían podido ocultar y se presentaron al frente de la ciudad aparentando que traían multitud de tropas y armas ventajosas, siendo que no eran sino unos pocos y malos fusiles con quinientos cartuchos y un obusillo despreciable.

En la noche del 20 del citado Mayo remitió Caicedo a los Capitanes Don Angel Varela y Don Eusebio Borrero con competente número de fusileros a hacer fuego y aterrar a las miserables tropas. La noche fue demasiado lluviosa.

Con este beneficio se hizo el fuego infructuoso y aparentando los nuestros[24] que tenían artillería, dando fuego al obusillo y caballería, con que, con mucha grita mandaban avanzar, huyeron precipitadamente los dos Oficiales y soldados, poseídos de terror imponderable. Ya había acaecido antes el haber huido cien hombres de los caleños desde el pueblo de Buesaco aterrados de sólo treinta nuestros que estaban al frente, el Juanambú por medio, que figurando multitud de tropas los desafiaban y burlaban. En la noche del 20, por temor del fuero se nos desertaron la mayor parte de nuestras tropas infelices; pero amaneciendo el 21 (en el mismo que Don Joaquín Caicedo había pretextado el sacrificio de todos los nobles, porque no habían querido salir a oponerse y pelear contra los que él consideraba patianos y de otros países), salieron de esta ciudad a reunirse con los que estaban al frente, todos los nuestros, a quienes se agregaron muchos indios de los pueblos, y a cosa de las nueve del día hicieron una entrada tan denodada y bien dispuesta que despreciando las balas enemigas, se tomaron las calles, quedando las tropas caleñas encerradas en la plaza mayor, cortaron las aguas y con fuego bien ordenado hirieron y mataron algunos enemigos, aterrándose tanto Caicedo, que después de un fuego vivo de más de seis horas (porque en las calles se fueron proveyendo los nuestros de cartuchos y fusiles que habían tenido ocultos, habiéndoles proveído de uno en uno aún las religiosas del Monasterio de la Concepción de esta ciudad), rindió Caicedo las armas, quedando prisionero con su Oficialidad y tropa."[25]

Con su habitual parcialidad republicana, el historiador Restrepo también recuerda lo acontecido.

"...reuniendo en la parroquia del Tambo y en sus alrededores una columna de los fugitivos, marcharon aceleradamente a Pasto, llevando solo

---

[24] Guerrero Herrera a quien pertenece el texto, era natural de San Juan de Pasto. Por tanto, cuando cita a los nuestros se refiere a los pastusos.

[25] Guerrero Herrera, Gustavo. Op Cit. Págs. 104-105.

ochenta y cinco fusiles, un obús y pocos pertrechos. A los siete días del arribo
de don Joaquín Caicedo (20 de mayo), aparecieron los Patianos sobre las alturas
de Aranda, que hacia el norte dominan la ciudad de Pasto. Eran sólo como
doscientos hombres, el obús carecía de cureña y casi no tenían pólvora. Por la
noche salieron los capitanes Varela y Borrero a darles un ataque; mas no pudo
realizarse porque la noche fue oscura y lluviosa en extremo. El día siguiente los
Patianos unidos con los Pastusos aparecieron ya más fuertes; así fue que
pudieron rodear la ciudad armados con fusiles, la pólvora y municiones que
sacaron los habitantes de Pasto de sus escondites, y aun del mismo convento de
monjas que allí existe. Trabose la pelea en las calles, y de casi todas las casas se
hacía fuego a los patriotas, de los que murieron algunos. Los Patianos hicieron
creer a los Pastusos, y aun pretendieron persuadir a Caicedo, que venían
victoriosos de Popayán, y que rendida esta ciudad no le quedaba otro recurso
que entregarse prisionero con toda su división.

Prolongábase el combate, que era desventajoso a las tropas de la junta,
pues se veían compelidas a lidiar con una población enemiga, cuando se
presentó con bandera parlamentaria el clérigo don Ramón Muñoz, que iba de
parte de los Pastusos y Patianos a iniciar una capitulación. Fue la propuesta, que
se entregaran las armas, y que los hombres desarmados podrían retirarse
libremente con sus pasaportes a Quito o a Popayán. Caicedo mandó que se
reuniera un consejo de oficiales para deliberar. Varela, Borrero y Vivanco fueron
de opinión que de ningún modo se debía capitular con jefes tan bárbaros como
el mulato Juan José Caicedo,[26] Joaquín de Paz y otros Patianos y Pastusos, que
no cumplirían sus promesas cuando vieran desarmados a los patriotas; que
estaban llegando refuerzos de la provincia de los Pastos y que era mejor atacar a
los enemigos y combatir valerosamente. Sin embargo de esta opinión, la
mayoría de los oficiales convino en que se capitulara. Hízose la entrega de las
armas y municiones sin formalidad alguna escrita; entrega que repugnaron
Varela, Borrero, Vivanco y casi toda la tropa, que ascendía a cuatrocientos
treinta y seis fusileros. Sabiendo esta novedad, se retiraron de las inmediaciones
de Pasto los auxilios que se habían pedido a Túquerres. Solamente se salvó hacia

---

[26] Realista irredento. No confundir con Joaquín Caicedo el prócer independentista al que no le
une ninguna relación de parentesco.

Quito don Ramón Garcés con veinte y cinco hombres que mandaba, venciendo en el tránsito muy graves dificultades.[27]

Joaquín Caicedo "pecó" de excesiva confianza. No andaban muy desencaminados sus oficiales que le recomendaron no capitular. Los patianos no respetaron las condiciones de la rendición. En lugar de liberarlos como se les había prometido una vez entregaran las armas, fueron encarcelados con grilletes y sometidos a un trato degradante e inhumano.

Las noticias de la revuelta en Pasto alcanzaron Popayán días más tarde. La junta se mostró indignada y enviaron el 4 de julio un requerimiento amenazante al cabildo de Pasto sobre las consecuencias funestas que tendría para la ciudad si no ponían inmediatamente en libertad a los detenidos.

"La ruina de Pasto ha llegado y esa ciudad infame y criminal va a ser reducida a cenizas. No hay remedio: un Pueblo estúpido, perjuro e ingrato que ha roto los pactos y convenciones políticas y que con la más negra perfidia ha cometido el horrible atentado de hacer prisionero al Presidente de este Gobierno, después que enjugó sus lágrimas y le levantó de la desgracia en los días de sus amarguras, debe ser, como el Pueblo Judío, entregado al saqueo y a las llamas. Tiemble, pues, la ingrata Pasto que ha hecho causa común con los asesinos y ladrones de Patía, y tiemblen esos hombres de escoria y de oprobio que se han erigido en cabezas de la insurrección de los pueblos. Una fuerza poderosa, terrible, destructora y hábilmente dirigida va a caer sobre esa ciudad inicua.

Ella será víctima del furor de un Reino entero, puesto en la actitud de vengarse y aniquilarla.

Las tropas belicosas de las Provincias confederadas de la Nueva Granada reducirán a pavesas á Pasto y sólo podrá evitar su irremediable destrucción poniendo inmediatamente en libertad las personas del Presidente, Oficiales y soldados, pérfidamente sorprendidos, y entregando todas las armas.

---

[27] Restrepo, José Manuel. Op. Cit. Págs. 145-146.

Decídase, pues, ese Ayuntamiento: ésta es la primera y última intimidación que le hace este Gobierno, justamente irritado, de la Provincia de Popayán."[28]

Los pastusos no se dejaron amedrentar y persistieron en su actitud de retener a los prisioneros.

Agualongo participó en los combates, fue de los primeros asaltantes de la ciudad, citado por su valor por el capitán de la Villota y ascendido a cabo.

Alexander Macaulay era un mercenario adicto a la causa republicana. Un aventurero norteamericano (y posiblemente masón) originario de Virginia con formación en medicina, imbuido de las ideas revolucionarias de "libertad para el supuesto pueblo oprimido hispanoamericano". Su elevada instrucción académica (había sido médico en el ejército de los Estados Unidos) y posiblemente su esmerada educación, fueron suficientes para conseguir un empleo militar. Antes de comenzar su "particular epopeya," ejerció en Colombia un tiempo su profesión mientras aprovechaba para aprender castellano y conocer en profundidad a los "supuestos oprimidos". Llegó a manifestar sobre ellos: "¡Qué se puede esperar de la independencia de semejante gente!" Cuando criticó públicamente al gobierno de Antonio Nariño fue expulsado de Cundinamarca y se trasladó a Popayán en Abril de 1811 con la intención de defender con las armas la causa de los "patriotas" en su lucha por liberarse del "yugo" español, no obstante el desaliento que comenzaba a sentir sobre aquéllos.

La Junta de Popayán le nombró jefe del ejército que había de atacar Pasto y dispuso que su segundo fuera José Cabal. Macaulay remitió varios escritos insultantes a Pasto exigiendo a la corporación la puesta en libertad de Caicedo y del resto de arrestados. El cabildo respondió con su

---

[28] Guerrero Herrera, Gustavo. Op Cit. Págs. 85-86.

acostumbrada retórica de fidelidad a Dios y al rey y se preparó para resistir el nuevo envite independentista. Caicedo desde la cárcel escribió a Macaulay pidiéndole que no se acercara a la ciudad ya que pondría en grave peligro a sus tropas, pero el arrogante mercenario le respondió que sólo obedecía órdenes de la Junta.

Macaulay, después de forzar el paso de Juanambú, arribó a los Ejidos de Pasto el 25 de julio. Envió un ultimátum a los pastusos amenazándoles con saquear la ciudad y someterla al pillaje de la soldadesca, pero Macaulay desconocía qué clase de gente tenía enfrente, que sin amilanarse, respondieron a sus exigencias que defenderían la causa de España y del rey "hasta que deje de existir el último hombre de la ciudad." Incluso Caicedo se ofreció para parlamentar con Macaulay y evitar el derramamiento de sangre. El ambicioso norteamericano le trató de traidor y cobarde si bien aceptó el parlamento. Se consiguió alcanzar un acuerdo (aunque no se entregaron las armas como exigía Macaulay) y se puso en libertad a Caicedo, sus oficiales y más de 350 soldados. Sin embargo, el estadounidense no respetó el punto del acuerdo que le obligaba a retirarse a Popayán y permaneció con sus tropas en el Ejido acompañado de Caicedo y del resto de liberados. Los soldados se apropiaron de todo el ganado que encontraron en las inmediaciones y cometieron toda clase de tropelías que inicialmente no fueron respondidas por los pastusos. A pesar de que sus oficiales habían pedido a Macaulay que cumpliera con lo acordado y se retirara a Popayán, quedando los pastusos en libertad de obedecer al gobierno de su elección, el aventurero virginiano decidió romper los compromisos asumidos con Pasto y se estableció en Chacapamba a esperar auxilios de Quito, exigiendo entre tanto la entrega de las armas y la retirada de la ciudad de cualquier combatiente. La respuesta a tal infamia trasgresora de los acuerdos fue tan tajante como todas las que emitían los valientes pastusos.

"Dios, a cuya vista está presente la sinceridad con que este cabildo ha procedido, y que ve el fondo de las más ocultas intenciones de usted y su tropa, hará justicia a todos en esta vida y en la otra. Sin embargo, para dar a usted esta contestación, ha tenido este ilustre ayuntamiento que tocar con la oficialidad y tropas de esta ciudad, sin cuyo consentimiento nada puede hacer por sí solo, y han resuelto esperar a usted y quedar sepultados bajo las ruinas de su patria con el consuelo y la gloria de haber sido hombres de su palabra, incapaces de felonía."[29]

El 12 de agosto cansado de esperar, vuelve a demandar con engreimiento la rendición de la ciudad, pero los pastusos indignados, se preparan para la inminente batalla que se avecinaba, reuniendo una fuerza considerable contra la cual no podía medirse la de Macaulay, que sólo contaba con 350 infantes y unas pocas decenas de jinetes. Concluyó en consecuencia que era mejor lo que había pensado anteriormente y pasó el Guáitara para unirse a las fuerzas independentistas que venían de Quito, que creía encontraría ya en ese lugar.

Al amanecer del 13 de Agosto de 1812, en contra del parecer del bondadoso Caicedo y de la opinión del resto de oficiales, Macaulay iniciaba el ataque. Aunque intentaba sorprender a los pastusos, éstos ya sabían de sus movimientos y se enfrentaron a las huestes republicanas que fueron derrotadas estrepitosamente en Catambuco cuando se alejaban. Macaulay, Caicedo, un gran número de oficiales y cerca de 400 soldados fueron hechos prisioneros. Alrededor de 200 muertos dejaron los independentistas en el campo. Sólo consiguieron escapar y llegar a Popayán unos 120 hombres.

"El Macaulay engreído y creyéndose victorioso, se presentó al Ejido de la ciudad desde donde intimó la rendición, la entrega de las armas y de los

---

[29] Elías Ortíz, Sergio. Op. Cit. Pág. 184.

prisioneros, con protesta de entrar a sangre y fuego. Nuestras tropas y paisanos, valerosos, determinados a despreciar el fuego y concluir la suerte con armas blancas, le contestaron que lo esperaban sin temor de sus amenazas.

Esta determinación acobardó a Macaulay, y el Presidente Caicedo, con astuta sagacidad, propuso capitulaciones, cuyos artículos se redujeron a que habíamos de quedar nosotros con las armas, con nuestro antiguo Gobierno, retirarse la tropa enemiga y canjeo de prisioneros. Ésta se aceptó por nosotros, por la inferioridad de las fuerzas y armas y se firmó solemnemente por el que hacía aquí de Jefe, por Caicedo y Macaulay. Pero habiéndosele entregado incautamente los prisioneros todos, con que engrosaron su ejército, comenzaron a manifestar la infamia, dejando de retirarse con figurados pretextos hasta que en la noche de Agosto trataron de pasarse a reunir con las tropas quiteñas que se hallaban en la Provincia de los Pastos, y por la misericordia de Dios no se habían determinado a venir a atacarnos a dos frentes.

Los juicios de Dios arruinaron los de estos hombres pérfidos. Siendo descubiertos en el pueblo de Catambuco, donde ya habían pasado como una legua, fueron seguidos a procurarles no sólo el alcance, sino también la contención. Los nuestros, ayunos y cansados, no pudiendo llegar reunidos, fueron retirados perdiendo bastante terreno; pero engrosándose y con la exhortación de los Nobles, Jueces y Oficiales, dieron sobre ellos y los hicieron retroceder hasta una casa de campo.

Allí volvieron a proponer capitulación a que habían accedido incauta é imprudentemente algunos; pero el Capitán Villota, Don Francisco Delgado, éstos principalmente, y otros, contradijeron la capitulación a que se siguió un violento fuego de los enemigos, sin más pérdida nuestra en él, que la de un indio, fuera de 22 o poco más que ya nos habían muerto; mas los nuestros, con valor indecible, animados y asociados hasta de las mujeres, que arrostrando los peligros concurrieron ya con alimentos, ya con armas a las acciones, dieron sobre los enemigos, los obligaron a correr precipitadamente, les mataron como ciento ochenta hombres, les quitaron las armas e hicieron prisioneros más de cuatrocientos, con el Presidente y la Oficialidad toda.

Macaulay se había fugado, pero fue cogido en el pueblo de Buesaco por el Pedáneo de aquel partido y algunos indios y conducido por el Capitán Villota que había ido en su alcance, quien lo preservó de que lo despedazase el pueblo."[30]

Faltos de alimento (como toda la ciudad) y de cuidados higiénicos y sanitarios, los prisioneros empezaron a enfermar. El desfallecimiento les llegó cuando supieron la noticia de que Quito había caído en poder de los realistas. Las nuevas autoridades de la capital Quiteña dieron la orden de que se fusilara a Caicedo y a Macaulay, quintados[31] los oficiales y diezmada la tropa. La ejecución de los dos principales cabecillas rebeldes estaba prevista para el 1 de enero de 1813 pero fue suspendida en el último momento tras recibirse el mandato del coronel realista Sámano de que los retenidos iban a ser trasladados a Quito. En esta ciudad, Montes, a la sazón el nuevo presidente realista de la ciudad, revocó la orden de Sámano y comunicó a Pasto que se cumpliera con lo ordenado inicialmente. El 26 de enero, Caicedo, Macaulay y los oficiales y soldados a quienes por sorteo correspondió el infortunio, fueron fusilados.

"La verdad es que no se destaca el cabo Agustín Agualongo en las acciones de armas de que se ha hecho breve mención; en los partes militares sus jefes no se ocupan de él, pero en posteriores relatos aparecerá con grado de sargento, subalterno del teniente coronel Juan María Villota, en una compañía del Primer Batallón de Milicias de San Juan de Pasto. Se trata entonces de organizar la defensa de la muy noble ciudad contra un poderoso invasor que de triunfo en triunfo viene desde Santa Fe de Bogotá y que se anuncia epistolarmente al Cabildo entre cortesías y arrogancia, el general Antonio Nariño."[32]

---

[30] Guerrero Herrera, Gustavo. Op Cit. Págs. 105-106.

[31] Quintar: Fusilar uno de cada cinco. Diezmar: Fusilar uno de cada diez.

[32] Montezuma Hurtado, Alberto. Banderas Solitarias. Vida de Agualongo. Págs. 41-42. Ediciones del Banco de la República. Bogotá. 1981.

Los rebeldes no estaban dispuestos a aceptar tantas humillaciones. En Pasto se tuvieron noticias de que el general insurrecto Antonio Nariño, presidente del estado de Cundinamarca, preparaba un ejército en Popayán para reconquistar Quito y ocupar Pasto. Nariño venía con la aureola de haber derrotado a los realistas en las dos ocasiones en las que se había enfrentado a ellos. Los pastusos pidieron ayuda a Montes quien les envió 450 soldados comandados por el mariscal de campo don Melchor Aymerich para unirse a las milicias de Pasto que sumadas a las tropas de Aymerich harían un total de 1200 efectivos. Agualongo figuraba como sargento en la cuarta compañía del Primer Batallón de Pasto.

Nariño tardó demasiado tiempo en formar un ejército de 1500 hombres, mal alimentados y peor vestidos, pero mejor armados que los realistas pastusos. Dos meses emplearon los independentistas en marchar hacia el sur, tiempo que aprovechó Aymerich par fortificar los pasos obligados que acercaban a la ciudad. José María Espinosa, que formaba parte de las huestes republicanas, relata en unas memorias muy laudatorias con Nariño esta circunstancia y justifica el retraso del general "patriota."

Sólo los que estábamos con él y veíamos y conocíamos la situación, podíamos apreciar debidamente la necesidad de esta demora, y la acertada resolución del general. El estado de nuestro ejército era lamentable; aunque nuestras pérdidas en Calibio no habían sido muy considerables, teníamos muchas bajas por las enfermedades, y varios oficiales y soldados estaban literalmente imposibilitados para continuar una marcha forzada, por terrenos como los que median entre Popayán y Pasto. Estábamos desnudos, descalzos, faltos totalmente de fuerzas por las fatigas anteriores y porque hacía tres días que no nos alimentábamos sino escasísimamente. Ni el día que entramos a Popayán ni el anterior nos habíamos desayunado. Era preciso esperar algunas compañías que se habían perdido al valle del Cauca, y la tropa que debía venir de Antioquía, aunque se dudaba que esta última viniera, porque su comandante

Gutiérrez y el gobernador Corral, por una susceptibilidad mal entendida, rehusaban poner a sus tropas a órdenes de Nariño, pretextando su dignidad y soberanía, excusa ridícula que provenía de su rivalidades con Cundinamarca y de un marcado egoísmo. Pero sobre todo había escasez de bestias para los transportes, de vitualla, y sobre todo y peor que todo, carencia absoluta de dinero,[33] pues no había un centavo para los gastos más precisos, al tiempo que el ejército necesitaba proveerse de todo. Fácil había sido enviar a una columna al mando de su jefe, con el fin de perseguir los restos de la gente de Sámano hasta acorralarlos en Pasto; pero si allí mismo, o en todo el trayecto intermedio, repuestos un tanto del susto y la fatiga, y en un país enemigo nuestro, que sin duda apoyaría y auxiliaría, hubiesen vueltos caras y hecho frente a nuestra tropa, quién sabe cuál hubiera sido el resultado, y entonces habríamos perdido el fruto de la última victoria, siendo aún posible que la misma ciudad de Popayán hubiera sido reocupada por Sámano. Dicen que cada prisa trae su despacio.[34]

Nariño remitió a San Juan un escrito amenazando a sus habitantes con una guerra sin cuartel como la que estaba llevando a cabo Simón Bolívar en Venezuela, en la que el Libertador estaba asesinando a cuantos españoles caían en sus manos. El cabildo le respondió con su tradicional lealtad a España y al rey.

"La justicia de la causa, la santidad de los juramentos, la obligación de obedecer a las autoridades legítimas, el amor y la unión que la misma naturaleza inspira a la sangre de nuestros progenitores y hermanos. Esto es lo que nos conduce y lo que no nos hará mudar de sistema, ni por deferencia al halago, ni por temor a las amenazas desde muy antes vertidas y protestadas; de modo que para nosotros tan glorioso será el podernos defender de una fuerza que, sin derechos, ni legítima autoridad, nos trate de oprimir, como el que esta ciudad quede reducida a una Nueva Numancia o Sagunto."[35]

---

[33] Espinosa no menciona el saqueo de las iglesias para vender los objetos de culto y obtener fondos.

[34] Espinosa, José María. Memorias de un Abanderado. Recuerdos de la Patria Boba. 1810-1819. Págs. 34-35. Editorial Gotas de Tinta. Colombia. 2011.

[35] Elías Ortiz, Sergio. Op. Cit. Pág. 222.

El 14 de abril de 1814 Nariño arribaba a la margen derecha del río Juanambú. La ribera izquierda estaba ocupada por las tropas de Aymerich quien dirigía el flanco derecho del despliegue y había situado al coronel Francisco Javiar Delgado al mando del flanco izquierdo y al coronel Antonio Míguez para que se encargara del centro. Cinco días tardó Nariño en desplegar sus tropas, montar el campamento y emplazar la artillería. El día 20, al romper el alba, las baterías republicanas abrieron fuego sobre los realistas que atrincherados se defendían de los intentos "patriotas" de vadear el río. El general insurrecto mandó a un pequeño grupo de soldados (unos cincuenta) a buscar un sitio para cruzar el torrente. Hallaron un lugar de difícil acceso que los pastusos habían dejado sin cubrir por lo escarpado del terreno. Con dificultad atravesaron la corriente y sorprendieron a los realistas por la espalda que desconcertados por este ataque repentino, inicialmente retrocedieron. Cuando vieron la escasa fuerza que los asaltaba, contraatacaron con ímpetu y aniquilaron a sus enemigos, recuperando la posición perdida. Del grupo que cruzó el río sólo sobrevivieron doce hombres.

Las dificultades de Nariño para superar a los defensores de la orilla izquierda del río, le obligaron a buscar un nuevo sitio para cruzar. El día 26, mandó al comandante Birgo con 600 soldados a que indagara un vado para cruzar el Juanambú sin ser vistos por los realistas y que los sorprendiera por la espalda como ya habían conseguido anteriormente el hatajo de los doce supervivientes. Para proteger a Birgo, ordenó al general Cabal que con 400 hombres escogidos atacara de frente las posiciones realistas. Cabal con mucha dificultad atravesó el río y asaltó las trincheras de las "falanges" de Aymerich que se defendieron con ahínco recurriendo a sus rudimentarias armas. La sangría fue terrible. Los indígenas de Pasto lanzaban piedras sobre los "patriotas" que a duras penas avanzaban en medio de una lluvia de pedruscos, balas y de todo lo que les arrojaban los pastusos. Algunos que cayeron al río, se ahogaron en sus aguas teñidas de rojo. Un prisionero republicano de origen francés informó a Aymerich de que Birgo había cruzado el río y se acercaba a marchas forzadas. El mariscal español retiró sus tropas del Juanambú y se hizo fuerte en una posición más próxima a San Juan. Birgo ocupó las desmanteladas posiciones del Juanambú cubiertas de cadáveres de ambos bandos y de los pertrechos y armas que no pudieron llevar consigo los realistas. Reunidas las fuerzas republicanas, el día 29 Nariño ordenó el ataque sobre las nuevas posiciones de Aymerich. Encabezaba el ataque el comandante Birgo que fue sorprendido por los pastusos y sus fuerzas terminaron masacradas. Birgo pudo huir en medio de la escabechina, pero la vanguardia de su ejército fue destrozada. Las tropas de Aymerich también sufrieron importantes pérdidas, entre ellas la del comandante Juan María de la Villota, herido de muerte cuando conducía el ataque junto al sargento Agualongo. Las bajas fueron tan grandes entre los atacantes que Nariño tuvo que retirarse a unos lugares más seguros. El desánimo caló entre sus oficiales y algunos comentaron la posibilidad de volver a Popayán. Nariño se negó rotundamente y dispuso un nuevo ataque. Tras el duelo artillero preparatorio, los insurrectos asaltaron las posiciones realistas que cedieron ante el empuje de los de Nariño y se retiraron a Pasto. En la ciudad, temerosos de la soldadesca independentista, se organizó la defensa, a pesar de que fueron abandonados por Aymerich tras el desastre inicial quien cedió el mando al teniente coronel Pedro Leonardo Noriega. Todo el mundo que poseía un arma se aprestó a la lucha. Cuando Nariño y sus hombres llegaron a las calles de Pasto fueron recibidos por el intenso fuego pastuso, se luchó calle por calle, casa por casa. El caballo del general rebelde fue alcanzado por un disparo y Nariño derribado, sus soldados creyeron que había muerto y muchos comenzaron la huida, a la que siguió la espantada general y con ella la matanza de los que escapaban sin ningún orden. La derrota "patriota" fue total. Nariño no pudo hacer nada por evitarlo. Sin embargo, se negó a retirarse y se escondió en las montañas cercanas con algunos oficiales donde permaneció varios días hasta que solo y abatido por el hambre, la sed y la fuga de sus hombres, decidió entregarse. En el parte de guerra que Noriega envió a Aymerich para informarle de la victoria, daba cuenta de los que se habían distinguido en los combates. Entre ellos el sargento Agustín Agualongo. La excelente noticia obligó a Aymerich a regresar a Pasto. Además, la suerte le siguió acompañando cuando sorprendido se le presentó un prisionero diciendo que era Antonio Nariño, teniente general del Ejército del Sur. El mariscal español le trató con corrección al tiempo que lo retuvo en su casa para evitarle mayores sufrimientos. No obstante, los pastusos pedían su cabeza. Por otro parte, no respetaban la autoridad de Aymerich que había "salido corriendo" en los momentos de mayor peligro dejando desasistida la ciudad y había regresado cuando tuvo conocimiento de la derrota "patriota". Para aplacar los ánimos de la turba, Nariño pidió a Aymerich que le permitiera salir al balcón y dirigir la palabra a los que querían lincharle. El discurso de Nariño fue tan solemne y emotivo que aplacó los ánimos de la multitud y decidieron marcharse. Aymerich solicitó instrucciones a Quito y Montes le respondió que ejecutara al prisionero. El mariscal realista, reticente a cumplir tan funesto mandato volvió a escribir a Montes recordándole las represalias a que serían sometidos los prisioneros españoles si se fusilaba al ilustre cautivo republicano. Montes suspendió la ejecución. Un año estuvo Nariño retenido en Pasto hasta que fue definitivamente trasladado a Quito.

Con su peculiar visión, Espinosa describió lo sucedido tras la derrota inicial de los realistas y su retirada a la ciudad donde la tenaz resistencia que mostraron, les llevó a la victoria.

Antes del amanecer llegamos al ejido de Pasto[36] y allí hicimos alto aguardando el día. Cuando éste aclaró y vimos la ciudad, exclamó el general en tono familiar: "¡Muchachos, a comer pan fresco a Pasto, que lo hay muy bueno!"

Desde el ejido se veía al ejército realista que iba en retirada por el camellón que va para el Guáitara, al mando del brigadier don Melchor Aymerich, y bajábamos con la seguridad de que no se nos opondría fuerza alguna, cuando nos sorprendió un fuego vivo que salía de entre las barrancas del camino y los trigales; veíamos el humo, pero no la gente que hacía fuego. A pesar de eso seguimos hasta un punto que llaman El Calvario, que está a la entrada de la ciudad. El fuego era tan vivo de todas partes y la gente estaba tan emboscada y oculta, que no podíamos seguir adelante ni combatir, y el general, no sabiendo lo que habría dentro de la ciudad, resolvió que regresásemos al ejido. Desde allí vimos que por la plaza iba una procesión con grande acompañamiento y llevaban en andas con cirios encendidos la imagen de Santiago. De este punto mandó Nariño una intimación y no la contestaron. Entonces dispuso éste el ataque; pero las guerrillas pastusas se aumentaban por momentos, cada hombre iba a sacar las armas que tenía en su casa y temiendo las venganzas de los patriotas, exageradas por los realistas, formaron en un momento un ejército bien armado y municionado, que parecía que lo había brotado la tierra.

Al anochecer nos atacaron formados en tres columnas. Los nuestros se dividieron lo mismo, y la del centro, mandada por Nariño en persona, les dio una carga tan formidable que los rechazó hasta la ciudad. La intrepidez del general era tal, que yo olvidaba mi propio peligro para pensar en el suyo, que era inminente. Pero las otras dos alas habían sido envueltas y rechazadas, y los jefes, viendo que Nariño se dirigía a tomar una altura para dominar la población, lo creyeron derrotado y comenzaron a retirarse en dirección de Tasines, donde estaba el resto del ejército, para buscar su apoyo. A medianoche resolvió Nariño retirarse también, pues no le quedaban sino unos pocos hombres y las

---

[36] Estos combates se conocen en la historia de Colombia como la Batalla de los Ejidos de Pasto.

municiones se habían agotado durante la pelea. Si la gente que estaba en Tasines se hubiese movido, como lo ordenó él repetidas veces, nosotros, reforzados, habríamos resistido; pero no se cumplieron sus órdenes, no sé por qué.

Para probar el arrojo de Nariño en esta ocasión, basta citar el hecho siguiente, sabido de todos, pero que yo refiero como testigo ocular de él. Cerca de El Calvario cayó muerto su caballo de un balazo, y entonces cargaron sobre el general varios soldados de caballería; él, sin abandonar su caballo, con una pierna de un lado y otra del otro del fiel animal, sacó prontamente sus pistolas y aguardó que se acercasen; cuando iban a hacerle fuego, les disparó simultáneamente, y cayendo muerto uno de los agresores, se contuvieron un momento los otros. En este instante llegó el entonces capitán Joaquín París con unos pocos soldados y lo salvó de una muerte segura, o por lo menos, de haber caído prisionero.

No fue ésta la única acción notable de extremado valor que vi hacer en aquella desgraciada campaña al mismo París, que tanta fama adquirió después en la de Venezuela, a Girardot, a Narciso Santander, a Monsalve y a otros muchos jóvenes de lo principal de la tierra, que combatían con ardor, entusiasmo y desinterés por la causa de la independencia. Varios de esos hechos están ya consignados en las páginas de la historia nacional, pero no son pocos los que han quedado ignorados, y que solamente por tradición oral han llegado a conocimiento de una que otra persona. No sería más gloriosa y heroica la historia de Esparta o Grecia que la nuestra, si todos esos pormenores de lo ocurrido en la guerra magna de la magna Colombia, estuvieran escritos.

Perdimos en esta jornada, entre aquellos cuyos nombres recuerdo ahora, al mismo teniente Narciso Santander, tan valiente como simpático y ardoroso patriota; a los oficiales Mendoza, Camilo y Vicente Díaz, antioqueños, el alférez Ramírez y otros. Los pocos que salimos en retirada íbamos por el camino real, siempre al lado de Nariño; un caucano que se nos reunió, nos dijo que por ahí éramos perdidos, y que tomáramos el camino viejo por donde él había venido en la expedición de Caicedo y Macaulay.[37]

José Hilario López, que también participó en la batalla, y que es más preciso que Espinosa, la recuerda así:

---

[37] Espinosa, José María. Op. Cit. Págs 40-41.

Al día siguiente se dio la orden de marchar por el camino del centro, y habiendo ocupado sin oposición la altura de Cebollas, vivaqueamos allí la noche, mientras el enemigo nos esperaba atrincherado en el cerro de Tacines, a distancia de tiro de cañón de nuestro campo. A las cinco de la mañana del otro día se dio la orden para la batalla, y antes de las seis se rompió el fuego por ambas partes. El general en jefe dirigía personalmente la batalla a la cabeza de poco más o menos 1000 hombres, habiendo dejado en la reserva como 500. Nuestras primeras cargas, aunque impetuosas, encallaron al pie de los parapetos enemigos, quienes a mansalva nos hacían una horrenda carnicería, colocados como en anfiteatro. Ya habíamos perdido muchos buenos oficiales y más de un tercio de nuestros soldados, cuando, observando el general nuestra crítica situación hizo el último esfuerzo para vencer: se colocó a la cabeza del ejército, y ordenando que le siguiesen los que quisieran morir con gloria, haciendo que nuestra caballería desfilase al mismo tiempo por la falda del cerro a la derecha del enemigo, nos arrojamos ciegamente sobre los parapetos y logramos por el ejemplo del general desalojar al enemigo, aunque del triunfo no reportamos otra utilidad que la gloria de haber rechazado al enemigo de otra de sus posiciones, después de sangrienta batalla. Entre los oficiales que perdimos en ella recuerdo a los comandantes Bonilla, Concha y Bernaza, al capitán Salazar (que sin orden salió de su compañía para ser el primero en la lid, y cumplir lo que había ofrecido en la junta de guerra), los tenientes Vanegas y Molina, y el alférez Macario Rojas. De la columna de Vego no entró en acción sino mi compañía, el resto quedó en la reserva. El capitán Renjifo y el alférez Zabarain se distinguieron peleando como simples soldados, y fueron restablecidos a sus empleos.

Dejando siempre la división de reserva, el general continuó la persecución del enemigo con los restos de los que acababan de vencer a sus inmediatas órdenes. Aunque los realistas no habían perdido en la batalla ni a una veintena de hombres, en la retirada se dispersaban a los bosques, y esperábamos que más de la mitad, o más bien todos los que no eran prácticos, se nos presentarían muy luego, porque no tenían otro arbitrio, lo que hubiera sucedido, si otros accidentes imprevistos no hubieran venido a conjurarse también contra nosotros para acabar de probar nuestra constancia y sufrimiento. Cuando íbamos en el páramo continuando la persecución, y resueltos a entrar en Pasto, para lo cual teníamos tiempo suficiente en el resto del día, nos cayó una fuerte granizada a la vez que hacía un huracán violento. El frío, la niebla y el granizo que nos azotaba hasta los ojos por la fuerza del viento, nos obligaron a hacer alto por más de una hora, sin podernos mover del punto en donde nos envió este horrible torbellino, mientras que los enemigos dispersos, huyendo por entre los bosques, no sufrían lo que nosotros, y ganaban terreno en la dirección de Pasto, que era naturalmente el punto de reunión. Todo esto, la debilidad que sentíamos, pues hacía dos días que no comíamos, y el estropeo del combate y de la marcha, nos obligaron a detener la marcha ya casi con la noche a la entrada de la última montañuela (sic) que hay para llegar a la expresa ciudad. Algunos de nuestros soldados sucumbieron al rigor del frío. El general mandó desde allí una intimación al general Aymerich con uno de nuestros soldados prácticos del camino. Éste regresó con la respuesta por la cual lejos de querer entrar el jefe enemigo en un avenimiento, nos auguraba nuestra ruina tan luego como llegásemos a Pasto. Después de una noche fatal llegó el día tan deseado, porque esperábamos llegar a donde hubiese algo que comer. A eso de las seis de la mañana ordenó nuestro general que nos preparásemos para continuar la marcha, previniendo al capitán Acevedo del batallón del Socorro, muy acreditado por su valor, que tomase 10 hombres de su compañía y marchase a la descubierta. Este oficial manifestó al general que no tenía casi cartuchos y que los fusiles estaban inservibles, pero que en breve rato los haría limpiar y alistar para obedecer las órdenes que se le daban. El general se manifestó ofendido de esta observación y, dirigiéndose al comandante Molsalbe, jefe también de un valor a toda prueba, le dijo: "Marche usted a la descubierta." Monsalbe le contestó haciendo la misma observación que el capitán Acevedo, y suplicando al general que permitiese 10 minutos para poner en regla sus fusiles, pero el general, irritado y sin contestar palabra tomó el camino, diciendo con tono de energía: "Síganme mis granaderos." Con lo cual se precipitaron Monsalbe y Acevedo a tomar la descubierta, y así se emprendió la marcha de toda la división.

A pocos minutos empezaron las partidas de observación enemigas a tirotearnos, y a anunciar con sus fuegos nuestra aproximación a la ciudad. De nuestro lado casi no les contestábamos porque ciertamente no había 50 fusiles útiles en toda la división, y nuestros pocos cartuchos debían economizarse para un caso serio. En breve llegamos al ejido de Pasto sin haber encontrado mayor resistencia. Desde allí veíamos el camino de Quito cubierto de gentes que emigraban, de bestias cargadas, y aún de partidas de soldados. El general Aymerich ya se había retirado a Yacuanquer, pueblo situado a tres horas al sur de Pasto y en el mismo camino de Quito. Todo nos presagiaba la ocupación de la ciudad, en donde esperábamos descansar un poco, y, sobre todo, comer, pues ya era el tercer día en que carecíamos absolutamente de víveres. Allí formamos en batalla en una altura que domina la ciudad, teniendo a nuestro frente una chamba o foso paralelo inmediato. En este instante se arrojó sobre nosotros como una masa de 600 pastusos, mientras otras partidas nos molestaban por todas direcciones. Cuando el general observó que el enemigo nos cargaba con resolución, se mostró muy satisfecho, y nos dijo: que muy pronto tendríamos fusiles útiles y municiones, pues íbamos a tomar los de los que nos atacaban. Ordenó que toda la división, en su mismo orden de batalla, se metiese dentro del foso, y que con las bayonetas se hiciesen escalas para poder cargar con velocidad en el acto en que un tambor de órdenes rompiese el paso de ataque, quedando el general solamente en el campo raso sirviendo de blanco por más de diez minutos a los tiros enemigos. Apenas se aproximaron éstos a medio tiro de pistola sonó la señal anunciada para el ataque, el que fue dado a la bayoneta con la impetuosidad requerida, arrollando cuanto se nos opuso, y llevando la carga hasta las primeras calles de Pasto. Allí estábamos ya esperando la orden para ocupar la ciudad, cuando oímos a nuestra retaguardia el toque de llamada, en señal de replegar al punto que se indicaba, distante un tiro de fusil del lugar en donde nos encontrábamos los de la vanguardia. En consecuencia nos vimos forzados a replegar, y este movimiento, como por encanto, reanimó a los enemigos, pues lo atribuyeron a un efecto de temor. Entonces, reuniéndose de nuevo, y multiplicándose los grupos, nos arremetieron ciegamente por una segunda vez, pero nosotros ya mejor armados con sus propios fusiles y municiones, les esperamos de firme, y volvimos a rechazarlos hasta la ciudad. La opresión del repliegue se repitió, porque el general esperaba por momentos parte de nuestra artillería y de la tropa de reserva. Como es de presumirse, el enemigo, lejos de desmayar, multiplicaba sus esfuerzos de todas maneras. El pueblo paseaba en procesión por las calles a la Virgen de Mercedes y a Santiago, que son sus patrones. Las mujeres arrastraban a los soldados que huían, y aún les quitaban los pantalones y se los ponían ellas, manifestándoles que eran indignos de llevarlos. Una tercera vez nos atacaron, y corriendo la misma suerte. De esta manera pasamos todo el día ocupando y abandonando posiciones con el designio de entretener el tiempo mientras llegaba el deseado refuerzo que en vano esperamos hasta las ocho de la noche.

En el segundo conato que hizo el enemigo sobre nosotros, quedó envuelto el comandante Monsalbe con parte de su batallón, y como en esta ocasión tuvimos que luchar cuerpo a cuerpo, y vencer con la arma blanca, habiendo aquél tenido la suerte de desembarazarse, se vio en la necesidad de hacer una retirada por la misma dirección en que habíamos hecho la marcha sobre Pasto, y viéndonos empeñados y confundidos con los enemigos, a la vez que él (Monsalbe) era acosado por fuerzas muy superiores, sin que le fuera posible volver al campo de batalla, se alejó sin saber el resultado del empeño, pero todo le hacía presumir que habíamos sido vencidos, con cuya noticia se presentó a la reserva, que no se había movido del campo de Tacines, y dio las nuevas más desfavorables, que confirmaba con su presencia, pues se le veía retirar con muy pocos de sus soldados, siendo uno de los jefes más denodados del ejército.

Gracias a la resolución de nuestras huestes, no había sucedido lo que creía Monsalbe, nosotros habíamos vencido[38] y éramos dueños del campo de batalla. En cada carga que dábamos, reponíamos nuestras municiones, y aún nuestras fuerzas corporales, alimentándonos con los fiambres que tomábamos a los muertos y prisioneros, y con mazorcas de maíz tierno que cogíamos en sus sementeras y devorábamos crudo. Empero nuestro número se disminuía de instante en instante, pues el combate no se interrumpía. No hay duda ninguna que si nos hubiesen llegado dos de nuestras piezas de montaña y 200 hombres para reponer parte de nuestras bajas, la ciudad habría sido ocupada, y hubiésemos marchado en triunfo hasta el Guáitara, desembarazándonos por entonces de las atenciones tan delicadas y críticas de que estábamos rodeados. Resignados y llenos de confianza, sosteníamos una lucha tan desigual como obstinada, hasta que, como lo he dicho más arriba, perdimos la esperanza de los auxilios, y se dispuso la retirada a las ocho de la noche.[39]

En San Juan, Aymerich fue sustituido por el coronel Aparicio Vidaurrázaga designado también por Montes para conquistar Popayán. Las maneras y exigencias de Vidaurrázaga

---

[38] Curiosa forma de ver lo que para todos los historiadores fue una estrepitosa derrota de los republicanos a manos de los realistas pastusos.

[39] Hilario López, José. Memorias del General José Hilario López. Tomo I. Págs. 30-33. Imprenta de D'Aubusson y Kugelmann. Paris. 1857.

no gustaron a las sencillas gentes de Pasto, quienes a pesar de ello, proporcionaron al soberbio militar un batallón compuesto por cuatro compañías de Milicias al que denominaron el Batallón Pasto. Ascendido a sargento primero por su comportamiento contra las tropas de Nariño, Agualongo figuraba encuadrado en una de las compañías. El mando del batallón fue conferido al coronel don Ramón Zambrano siendo sargento mayor del mismo Estanislao Merchancano, futuro guerrillero y compañero de Agualongo. Vidaurrázaga marchó sobre Popayán que ocupó sin resistencia, ya que había sido abandonada cuando se supo de la llegada del coronel realista. El 30 de junio de 1815 se enfrentó a los republicanos en las inmediaciones del río Palo donde fue estrepitosamente derrotado. El Batallón Pasto sufrió enormes pérdidas al estar situado en vanguardia. A mediados de julio llegaron los restos del batallón a San Juan donde fueron recibidos por sus desolados conciudadanos.

El 12 de Agosto, el sargento primero Agustín Agualongo junto a un cabo y seis soldados tuvo que conducir a Quito a los presbíteros Casimiro de la Barrera y Fernando Zambrano adonde fueron desterrados por manifestarse a favor de Nariño.

En febrero de 1816 alcanzó Pasto una proclama del general Morillo, venido desde España para enfrentarse a los independentistas. En ella elogiaba la actitud de Pasto y les avisaba que con su ejército avanzaba hacia el sur para socorrerles. En mayo, Agualongo es ascendido a subteniente. Meses más tarde, a finales de julio, Morillo enviaba otra carta en la que informaba al cabildo que le concedía los honores y tratamientos de mariscal de campo de los Reales Ejércitos. La concesión dejaba un sabor agridulce en la corporación que esperaba mayores recompensas, como su independencia de los tribunales de Quito y la concesión de otras instituciones y organismos a la ciudad para no depender de aquella. Pasto responde el 13 de Octubre con una relación pormenorizada de lo que han realizado en defensa de España y del rey (derrota de Caicedo y Macaulay, derrota de Nariño, inmolación del Batallón Pasto en el Palo, etc.) y con la enumeración de las peticiones (totalmente merecidas) a las que se creen con derecho por el sacrificio y la sangre derramada durante tantos años.

"...Todo lo dicho es verosímil y punto menos que evidente, como lo demuestran los documentos que acompañamos. Pero, ¿podrá imaginarse que a vista de unos hechos tan notoriamente gloriosos y que apenas podrían creerse, si acaso se figuraran como fábula en la historia, de estar olvidado el mérito de esta fidelísima ciudad? Al salir de los conflictos, a costa de nuestra sangre, se nos hacían promesas magníficas de poner en esta ciudad la capital del gobierno, el obispado, la real casa de moneda y otras; más pasado el susto, ha sucedido el olvido y aun la envidia y la emulación. Hasta aquí ignoramos si al amado soberano se le ha puesto en noticia que en sus Américas tiene una ciudad nombrada Pasto.

La ciudad de Cuenca, análoga de nuestra lealtad, pero numerosa en sus provincias, con recursos abundantes, y que aunque fue agredida por las tropas de Quito, cobardes por naturaleza, fue sólo por el frente, teniendo guardadas sus espaldas para obrar sin riesgo, con las provincias de Trujillo, las de Guayaquil, Lima y otras; sin ser oprimida con dos fuerzas poderosas, como nosotros, débiles, sin recursos, sin auxilios y aun sin esperanzas, ha debido que la real magnificencia le conceda las gracias de erigir una real universidad, un colegio real y seminario con el distintivo de poner en el escudo de armas la inscripción "La lealtad acrisolada y nada interrumpida de Cuenca", un hospital de San Lázaro, más número de capitulares en su cabildo, hasta el de veinticuatro, con el tratamiento de señoría, en particular; y en su cuerpo, de excelencia; la facultad de apertura de un camino para facilitar el comercio de Guayaquil, franqueando por diez años su real erario para los gastos necesarios en el establecimiento de aquellas gracias. Ha sido feliz, porque ha tenido quienes eleven su mérito a la real consideración. Pero esta ciudad desgraciada que lo tiene incomparablemente mayor, no ha encontrado quien la coloque a los pies del trono.

Por esto, excelentísimo señor, ha solicitado la protección de vuestra excelencia, y tiene firme esperanza de que la tomará bajo de ella, dignándose hacer uso de los documentos (de que reservamos no pocas y gloriosa particularidades, para evitar la prolijidad demasiada) y ponerlo todo en noticias de su majestad, para que se sirva distinguirla y agraciarla como tenga a bien su real benignidad. A ejemplo de Cuenca deseamos aquí el establecimiento de un colegio real y seminario, siquiera con dos cátedras de filosofía y teología moral. Con la común pobreza, no tenemos arbitrios para remitir a los colegios distantes nuestros hijos, y se pierden unos talentos grandes que pudieran servir a la iglesia y al Estado.

En las actuales circunstancias nos miran con odio las provincias limítrofes y se nos hace más difícil la introducción de nuestros hijos a sus colegios.

Si las escuelas de primeras letras y latinidad que tenemos aquí, se reunieran a las dos cátedras dotadas por su majestad, podrían encargarse a jesuitas, siendo competente fondo para el principio de su subsistencia pues existen sin enajenarse sus casas, aunque ruinosas, y la fábrica de un precioso templo que estaba en términos de concluirse; habiéndose conducido a Popayán todas las alhajas preciosas, librería y caudales de su temporalidades, cuyas inversiones ignoramos.

Sobre las gracias propuestas, desearíamos la libertad del ramo de alcabalas, de nuestras producciones y pequeño comercio activo…

… Los ramos de aguardiente y tabaco, cuyos estancos se levantaron, mantienen a muchos infelices y desearíamos que fuésemos absueltos de su establecimiento.

Es necesario que se restablezcan contribuciones para mantener las guarniciones a que han dado ocasión las revoluciones; pero habiendo combatido nosotros éstas, con los inmensos sacrificios que hemos obrado, parece de justicia que sea libertada de ellas nuestra ciudad.

Últimamente nuestros indios han sido fidelísimos; han servido infinitamente, llegando aun a tomar las armas y perder la vida muchos; y siendo dignos de la real conmiseración, parece que aun cuando no fuese absueltos de la contribución que se llama tributo, enteramente, para que quede a los curas el estipendio, podrían ser absueltos siquiera de la mitad.

Por lo que respecta a los honores con que podemos ser condecorados, tanto en general, como en el particular, de los sujetos que han intervenido con especialidad, los esperamos de la real magnificencia, según sea su soberana voluntad; en el concepto de que esta ciudad ha tenido especial cuidado en mantener la limpieza de sus familiares ilustres, por manera que a más de los actuales servicios, podrían recaer en muchos, con mérito, las cruces y otras distinciones con el digno apoyo de vuestra excelencia.

Dios guarde a vuestra excelencia muchos años."[40]

Las noticias de que Morillo avanzaba victorioso hacia el sur levantó el ánimo de los pastusos. En abril, el ayuntamiento acordó reclutar nuevas milicias para que marcharan sobre Popayán y se encontraran con las tropas de Morillo en la lucha por la liberación de la ciudad. Se formó un nuevo batallón y se confirió el mando con el grado de general a don Ramón Zambrano, como segundo jefe fue designado el coronel don Francisco Santacruz y como teniente coronel don Estanislao Merchancano. Agualongo, ascendido por los méritos contraídos a oficial, figuraba en la lista de revista con el grado de subteniente.[41] Entre tanto, en Pasto se recibía la petición de Montes de que el batallón se uniera al ejército que se estaba formando en Quito para apoyar a Morillo y reclamaba que la nueva Unidad se pusiera a las órdenes del general Sámano. Éste comandaba alrededor de 1300 hombres cuando se presentó en San Juan. Junto al Batallón de Pasto y unos pocos nuevos alistamientos consiguió formar un pequeño ejército de 2000 efectivos que inmediatamente marchó a Popayán. La guarnición de la ciudad republicana apenas alcanzaba los mil soldados desmoralizados por la noticias de las derrotas infligidas por Morillo. Para más inri, el general Cabal renunció al mando de las tropas porque no quería plantar batalla en campo abierto a los realistas sino que prefería con su escasa fuerza llevar a cabo acciones guerrilleras para desgastar al enemigo. Al general insurrecto le sustituyó el coronel Liborio

---

[40] Elías Ortiz, Sergio. Op. Cit. Págs 260-261.

[41] En aquel tiempo, este empleo estaba dentro de la categoría de los oficiales.

Mejía que de una manera absurda decidió atacar a Sámano quien incomprensiblemente con unas fuerzas muy superiores en número había decidido atrincherarse y dejar la iniciativa a los "patriotas". El resultado fue el que cabía esperar. Los insurrectos fueron prácticamente aniquilados en la conocida como batalla de la Cuchilla del Tambo (28 de junio de 1816) y sólo unas decenas de rebeldes consiguieron escapar encabezados por Mejía que más tarde caería prisionero y fusilado. El batallón Pasto llevó el peso de los combates y Sámano reconoció su valía. Espinosa, oficial del ejército independentista, recuerda la tragedia y paradójicamente habla de que "no hubo derrota propiamente dicha".

Pocos días después de esto se convocó una junta de oficiales presidida por el teniente coronel Andrés Rosas, con el objeto de considerar la renuncia que el general José María Cabal hacía del mando del ejército, motivada por cierto descontento que notaba respecto a su persona, y sobre todo porque su opinión no estaba de acuerdo con la de los demás jefes respecto a la nueva campaña, pues él pensaba que no debía atacarse al enemigo, que ocupaba posiciones inexpugnables, como la Cuchilla del Tambo; y además tenía un ejército de 2000 hombres de línea, con artillería y toda clase de recursos, mientras que el nuestro no contaba ni con la mitad, y estaba escaso de municiones. El éxito de esta batalla justificó los temores y el juicioso concepto del general Cabal. Aceptada la renuncia de éste, se nombró en su lugar al teniente coronel don Liborio Mejía, quien se hizo cargo del mando del ejército.

...Resuelto el ataque a la Cuchilla, nos formamos y aprestamos al combate el 27 de junio, y reunidos ya los cuerpos y tomadas las disposiciones del caso, el ilustre padre Padilla, que se hallaba allí emigrado, dirigió a la tropa un elocuente discurso, exhortando a los soldados a tener presente la justicia de la causa que defendían, pero también la clemencia con el enemigo, y que su sacrificio no quedaría sin recompensa. Nuestro ejército se componía del Batallón de Granaderos de Cundinamarca, en que servía yo, el de Antioquía, el escuadrón de caballería, al mando del coronel Antonio Obando, y un piquete de artillería con pocas piezas.[42] Se presentó entonces el coronel Mejía y arengó también al ejército en términos enérgicos. "¡Somos pocos, decía, comparados con el enemigo; pero les excedemos en valor y en decisión por la más justa de las causas!". En seguida marchamos para el pueblo de Piagua, donde acampamos.

Al día siguiente, una avanzada del enemigo salió a provocarnos y contestamos a sus fuegos; y como llegamos muy cerca del lugar que ocupaban, y ellos se retiraron, les seguimos hasta el pueblo de Tambo. Salió otra compañía nuestra de vanguardia, y el enemigo se replegó a reunirse con el resto del ejército; entonces fueron desplegándose los demás cuerpos hasta llegar al frente de las trincheras de la Cuchilla; allí se generalizó el fuego, y como duraba ya más de un hora sin resultado, y nuestras municiones eran escasas, se dio orden de avanzar al batallón Granaderos de Cundinamarca. Nuestros soldados se arrojaron con el mayor valor y llegaron al pie de los atrincheramientos, pero viendo que sufría muchas bajas y que comenzaba a ceder, fue reforzado con el Antioquía, y últimamente se hizo general el combate, comprometiéndose en la línea de las fortificaciones, casi toda nuestra gente. Un flanco estaba defendido por nuestra Artillería, que les hacía bastante daño, y del lado opuesto estaba la caballería, que rechazó completamente a los realistas hasta los Aguacates; pero esto no impidió que un columna enemiga nos cortase, y envolviese todo nuestro ejército, ya muy diezmado, al tiempo que éste se retiraba de los atrincheramientos, cediendo al mayor número. Ya no era posible obrar en concierto; cada cual hacía lo que podía, y nos batimos desesperadamente; pero era imposible rehacerse, ni aun resistir al torrente de enemigos que, saliendo de sus parapetos, nos rodearon y estrecharon hasta tener que rendirnos. Sucumbimos, pero con gloria; no hubo dispersión, ni derrota propiamente dicha. Grande fue el número de muertos y heridos, y mayor el de los prisioneros que quedamos en poder de los españoles, por una imprudente precipitación en tomar la ofensiva por nuestra parte. Parecía como que un destino ciego guiaba a esta pérdida segura, pues todos conocíamos el peligro, la inferioridad de las fuerzas, y todas las circunstancias que hacía temeraria nuestra empresa.[43]

---

[42] Las tropas leales a España estaban formadas por los batallones de los Andes, Guías, Pasto, Patía y un escuadrón de caballería, aparte de varias piezas de artillería.

[43] Espinosa, José María. Op. Cit. Pág. 64.

Tres años de paz vivieron los pastusos. Hasta mediados de 1819 no ocurrió nada relevante salvo la esperanza de que la guerra terminara pronto, los insurrectos vencidos definitivamente y todo volviera a la tranquilidad anterior a 1809. En septiembre de 1819 se tuvo noticia de la derrota realista en Boyacá[44] el mes anterior. Sámano, que había sido nombrado virrey, huyó de Santa Fe entregando prácticamente el virreinato a los "patriotas". Su segundo, el general don Sebastián de la Calzada reunió las escasas tropas que disponía y se retiró al único baluarte realista que quedaba, la ciudad de San Juan de Pasto. El teniente Agualongo formaba parte de esas tropas encuadrado en la Segunda Compañía de Milicias de Pasto cuyo capitán se llamaba Miguel de la Rosa.

En Pasto, Calzada fue recibiendo a los supervivientes del desastre de Boyacá y poco a poco consiguió formar un pequeño ejército que junto a los 400 hombres que despachó el presidente de Quito sumaron a finales de diciembre más de 3000 combatientes. Aprovechando la confianza generada en las tropas republicanas, Calzada marchó sobre Popayán a mediados de enero cuya guarnición de apenas 600 hombres fue prácticamente masacrada. El general republicano Francisco de Paula Santander y Omaña, que había ocupado Santa Fe tras la marcha del virrey Sámano y se había hecho cargo del gobierno, encargó al general Manuel Valdés que se enfrentara a Calzada al que derrotó en Pitayó. El coronel independentista Manuel Antonio López describió el combate en sus "Recuerdos Históricos". Se dio la circunstancia de que había sido apresado meses antes y obligado a servir como soldado en las tropas realistas. Durante la lucha, se escabulló en medio del desconcierto para unirse nuevamente a su antiguo ejército y estuvo a punto de ser fusilado por unos mercenarios ingleses

---

[44] El general Barreiros y todos los oficiales españoles que cayeron prisioneros en esta batalla fueron fusilados de una manera atroz. Los soldados del piquete tenían tan mala puntería que fallaron los disparos y los condenados fueron rematados a bayonetazos.

que servían con los "patriotas" si no hubiese sido reconocido por un viejo compañero suyo, el Alférez Carlos Ludovico. Los primeros disparos se produjeron cuando la vanguardia realista, comandada por el Teniente Coronel López, se topó con un centinela enemigo.

El pueblo de Pitayó está situado en una hoyada a la salida del páramo de Moras, ródeado de monte alto; por el camino que viene de Guambía, hay que descender una cuesta montañosa bastante larga y de mal piso, y la ruta sólo se mejora un poco y se ensancha cerca de la población, la que no se descubre sino casi a su entrada.

El Teniente Coronel López salió de Guambía con la vanguardia el día 6 a las cuatro de la mañana, como se le había prevenido: la primera compañía de la columna de Cazadores, mandada por el Capitán Gil, un valiente coriano, en la cual iba de soldado el que esto escribe, llevaba la descubierta; habíamos andado más de las tres cuartas partes del camino y no se tenía noticia de que el General Valdés con su División estuviera en Pitayó, porque en todo el camino no encontramos un alma que nos pudiera dar razón alguna, ni se tenía la más leve sospecha de encontrarnos con tropas colombianas; y tampoco el General Valdés sabía que se le aproximaba el enemigo. Descendíamos la cuesta a paso de camino en el mayor silencio; el Comandante López nos seguía a retaguardia haciendo que la tropa marchase reunida, y a eso de las doce del día íbamos llegando a una vuelta del camino de donde a poca distancia se divisan las primeras casas de la población, cuando de repente un centinela avanzado preguntó con arrogancia: "¡Quién vive!" Habíamos dado con la avanzada del Peñón mandada por el Comandante Cruz Arenas, que aún vive en esta ciudad y entonces era Teniente; los ocho exploradores que precedían la descubierta se sorprendieron, y no sé por qué extraño impulso contestaron con una descarga. Aquello sirvió de alarma en el campo del General Valdés y dio tiempo a que la tropa preparara sus armas, entrara en formación y saliera a batirse. El Teniente Coronel López, sorprendido también, corrió a la vanguardia, la descubierta había roto sus fuegos contra la avanzada antedicha, la que fue reforzada a los primeros tiros con una compañía de tiradores, y ya no era tiempo de retroceder. En el acto hizo desplegar en tiradores la 1ª y 2ª compañías de la columna, internándolas en el monte al lado izquierdo del camino, para descender a una quebrada; al lado opuesto de ésta se presentó de improviso el batallón Albión, que recibió con sus fuegos a las tropas realistas; a mí me tocó salir en la primera guerrilla de aquellas tropas, y haciendo fuego al aire avancé rápidamente; a la sombra de unos árboles gruesos que me ocultaron del Teniente Juan Bautista Arévalo que mandaba la guerrilla, volví el fusil con la culata arriba, descendí a la quebrada, la atravesé sin detenerme y me presenté delante de una tropa vestida con casacas encarnadas; unos soldados intentaron hacerme fuego; pero afortunadamente se encontraba entre ellos el Alférez Carlos Ludovico, que me conoció en el acto, les habló en inglés, se contuvieron y corrió a abrazarme. Inmediatamente fui presentado al Coronel Manuel Manrique, Jefe de Estado Mayor de la División, quien me condujo a la presencia del General Valdés. Por los informes que di de las operaciones y situación del enemigo, así como de la fuerza que se estaba batiendo, se puso en actitud de dirigir el combate con acierto y precisión: me destinó al Estado Mayor, de donde yo había sido adjunto, picó el caballo y marchamos a recorrer la línea de batalla.

El Teniente Coronel López, que se vio comprometido a librar el combate sin esperanza de ser protegido por el resto de su División, se abandonó al destino y cargó toda la columna a su costado izquierdo sobre Albión; el batallón de los Andes fue colocado en la parte más ancha del camino, desplegando una compañía en tiradores a su derecha, internada en el monte, y la caballería formó en columna a retaguardia en el mismo camino.

El General Valdés hizo reforzar a Albión con el batallón Cundinamarca, cubriendo su retaguardia el escuadrón Oriente; el resto del batallón Neiva reforzó la línea por el centro y costado derecho del enemigo, teniendo a su espalda el escuadrón Guías. El fuego se sostuvo con vigor por más de una hora, y sin embargo de observar que nuestros tiros hacían más estragos en las filas enemigas que los suyos en las nuestras, porque aun sin tener parapetos nuestra posición local era mejor, el General Valdés se resolvió a decidir aquella lucha, confiado en el valor de nuestra infantería y en el arrojo de la caballería llanera; en consecuencia dispuso que medio batallón del Neiva cargara de frente por el camino contra el batallón de los Andes, hasta llegar a un punto que se le indicó, en donde debía replegarse a derecha e izquierda sobre el monte, dejando libre el camino para que pasara la caballería; que el otro medio batallón, internándose al monte por la izquierda, atacase la compañía de Tiradores de los Andes, procurando cortarla o batirla en detalle, y que Albión, apoyado por Cundinamarca, cargara al mismo tiempo sobre la columna de Cazadores, procurando arrollarla, para que, saliendo al camino, nuestros dos escuadrones pudieran dar una carga decisiva, lo que se les indicaría ejecutar al toque de ataque. Dadas estas disposiciones, se mandó activar el fuego, y se le sostuvo con vigor por más de diez minutos. Oída la señal de la corneta, cada uno de los cuerpos ejecutó con prontitud el movimiento que se le había prevenido. El medio batallón de Neiva atacó por el frente al batallón de los Andes, y con tanto ímpetu, que ya vacilaba este cuerpo, cuando por obedecer la orden aquel medio batallón tuvo que replegarse a derecha e izquierda. También el otro medio batallón desalojó del monte a la compañía de Cazadores del enemigo, haciéndola emprender la fuga en dispersión. El Comandante Lucas Carvajal cargó intrépidamente con sus Guías, rompió las filas enemigas y las puso en desorden; Albión arrolló a la bayoneta la columna de Cazadores, que en dispersión salió al camino y se mezcló en confusión con los restos del batallón de los Andes; toda nuestra caballería, sin darles tiempo de rehacerse, les cargó en masa por segunda vez con su acostumbrado arrojo; algunos perecieron lanceados, y los demás fueron dispersos, refugiándose en el monte para salvarse, con lo cual se consumó su derrota. La caballería enemiga huyó vergonzosamente sin esperar la nuestra.

La pérdida del enemigo consistió en un Capitán, dos Tenientes, un Alférez y ciento treinta individuos de tropa muertos; heridos el valiente Capitán Gil (murió) y ochenta de tropa; y, según informes, se le dispersaron más de trescientos hombres. Se le hicieron prisioneros tres oficiales y ciento cuarenta y siete de tropa, entre los cuales rescatamos algunos de los prisioneros hechos en Popayán, y a todos se les destinó a los cuerpos. Los tres oficiales fueron decapitados en represalia de los fusilados en la Candelaria.

No se pudo perseguir activamente al enemigo, porque los caballos no resistían una jornada precipitada, ni la infantería una marcha forzada. El paso de la cordillera, el páramo y la fatiga de tres horas de combate, los tenían sin aliento. Si Calzada hubiera venido sobre nosotros con el resto de su División, nos habría puesto en apuros; pero se contentó con que lo dejaran retirar tranquilamente sin perseguirlo.[45]

El general realista abatido se retiró nuevamente a Pasto y posteriormente pasó a Quito donde estaba Aymerich, a la sazón jefe de los leales a España en la región. A Calzada le sustituyó el coronel Basilio García encargado de la defensa y de organizar nuevamente el ejército en San Juan. El coronel García había conseguido reunir unos dos mil individuos cuando de Quito llegó una petición de envío de refuerzos. Aymerich había recibido informes de que desde Guayaquil el enemigo marchaba contra los españoles. García nombró al coronel Francisco González jefe de la fuerza que tenía que auxiliar Quito. El teniente Agualongo partió junto a González para ayudar a Aymerich.

---

[45] López, Manuel Antonio. Recuerdos Históricos del Coronel Manuel Antonio López. 1819 – 1826. Págs. 29 -31. Imprenta Nacional. Bogotá. 1955.

Capítulo 5
BATALLAS DE GENOY Y BOMBONÁ

Entre tanto, Bolívar designó al general Valdés, el héroe de Pitayó, para que al frente de dos mil hombres terminara con la rebeldía en Pasto. En febrero de 1821, Valdés llegó al pueblo de Tambopintado a diez leguas de la ciudad realista. Tras reorganizar su ejército se dirigió a San Juan y tropezó con la primera resistencia de los pastusos en la montaña de Chaguarbamba que se retiraron cuando Valdés mandó cargar a su caballería y ordenó a la infantería que la siguiera. La huida pastusa fue tomada por Valdés como una demostración de la cobardía de las gentes de Pasto que temían enfrentarse a los republicanos. La marcha "patriota" se realizó por una zona agreste que dificultaba el movimiento. Cuando llevaban recorridos quince kilómetros se toparon con el grueso de las fuerzas españolas en la loma de Genoy. Los soldados de Valdés cansados de la pesada marcha y sin tiempo para prepararse atacaron las alturas de Genoy y fueron derrotados de manera contundente. El contraataque realista, capitaneado por los pastusos conocedores del terreno, terminó con un verdadero desastre para los independentistas. Valdés, a galope, huyó cobardemente del escenario de los combates. Durante un año permaneció oculto en una aldea cercana disfrazado de sacerdote, hasta que llegó el ejército de Bolívar en dirección a Pasto y se incorporó al mismo.

El 1° de febrero la División llegó al pueblo de Tambopintado; los deseos del Vicepresidente se habían cumplido; y acaso el general Valdés creyó que no sólo podía satisfacer los deseos del general Santander en esta parte, sino también batir a los españoles y tomar Pasto, que apenas distaba diez leguas, antes que llegaran los Comisionados, pues el día dos a las cuatro de la mañana emprendió la marcha con la División para esta ciudad, con toda la confianza que le inspiraba su imprecación. A las once de la mañana, en la montaña de Chaguarbamba, encontramos las primeras guerrillas enemigas; el general Valdés mandó cargarlas con la caballería y las desalojó de su posición; los pastusos (pues eran pastusos) se fueron retirando, haciendo fuego y aumentándose cada vez más con nuevas guerrillas siempre en retirada; esta operación del enemigo la atribuyó el General Valdés a falta de valor para resistirle; dispuso que toda la caballería cargara al galope, y mandó tocar paso de trote a la infantería; desde aquella hora los soldados empezaron a correr en el mayor desorden, porque no todos resisten un paso forzado; el camino que llevábamos era ascendente y pedregoso hasta salir de la montaña, y el trayecto que teníamos que recorrer hasta llegar donde se encontraba el cuerpo del ejército enemigo, no era menos de tres leguas. Cuando nuestra vanguardia llegó al pie de la loma de Genoy, se encontró con todas las tropas enemigas parapetadas detrás de los barrancos y las piedras, y, sin una disposición preliminar del General, empezó el ataque por el centro; la mayor parte de nuestros soldados se habían atrasado en una marcha forzada casi a la carrera; los que iban llegando entraban en combate sin atender a qué cuerpo se unían; los del Cundinamarca se mezclaban con los del Neiva, los del Neiva con los del Cauca, los del Cauca con los del Cundinamarca, y nadie pensaba sino en hacer fuego sobre el enemigo. Aunque la posición de los españoles era franqueable por la derecha, el General Valdés no tomó ninguna medida para ello: se empeñó en atacarlo por el centro, que era una loma quebrada y estaba bien defendida; el Comandante Carvajal intentó trepar la loma con su caballería, y al empezar a subir recibió un balazo en el pecho y cayó muerto, lo que desalentó a nuestros jinetes. El capitán Isidoro Ricaurte con su compañía atacó vigorosamente al enemigo por el camino que conduce al pueblo de Genoy, y al poner el pie en un parapeto que defendía el batallón Aragón, fue atravesado por una bala y cayó de espaldas muerto; la Compañía no pudo forzar aquel punto, y tuvo que retirarse haciendo fuego. A las cinco y media de la tarde nuestros soldados, cansados y fatigados de la marcha y de la lucha, cedieron el campo al enemigo, quien hizo bajar de la loma como 600 pastusos de ruana y sombrero, que, sin piedad, empezaron a asesinar a todos nuestros heridos, lo mismo que a los prisioneros que lograron hacer el campo, operación en la cual se detuvieron dando lugar a que muchos se salvaran.

El General Valdés huyó con la caballería, y nuestra infantería emprendió la fuga en dispersión.[46]

En el ínterin que todo esto tenía lugar, Bolívar y Morillo firmaron un armisticio para suspender hostilidades que duró hasta el 30 de julio. Roto el armisticio, el general rebelde Torres hizo un nuevo intento sobre Pasto y es derrotado en el Patía. Bolívar se pondrá entonces a la cabeza de las fuerzas que dirige contra el sur de Colombia y especialmente contra San Juan de Pasto. En lugar de seguir la ruta de Genoy, que tan mal recuerdo traía a los insurrectos, el libertador siguió la de la hacienda de Bomboná. La mañana del 6 de abril de 1822 el ejército republicano emprendió la marcha por aquel itinerario y acampó a las cinco de la tarde en la mencionada hacienda. Las tropas "patriotas" tomaron posiciones al saber que delante les esperaban los realistas dirigidos por el hábil Basilio García. Al atardecer los exploradores informaron al Libertador de que en el lado opuesto del barranco que debían cruzar, la subida tendría que realizarse por una loma escarpada que dificultaría el movimiento y que si el enemigo ocupaba la cima, antes de que ellos ascendieran, serían un blanco perfecto para los mosquetes pastusos. Bolívar ordenó al Comandante París que con el batallón Bogotá tomara dicha cima, terminando la operación a las once de la noche.

Don Basilio García, que gracias a sus espías recibía permanentemente informes de los movimientos del ejército

---

[46] López, Manuel Antonio. Op. Cit. Págs. 35-36.

republicano, conocía las disposiciones del enemigo. Viró por el sur de Pasto, partió en su busca, y el mismo día 6 ocupaba posiciones en la loma de Cariaco. Los realistas situaron sus tropas en la parte principal de la cresta, se atrincheraron en las alturas haciendo prácticamente inútil los disparos independentistas y emplazaron en la zona sur las avanzadillas y la artillería dirigida por el presbítero don Félix Liñán. El flanco derecho del despliegue fue defendido por el batallón de Aragón y algunos milicianos pastusos. El Libertador no creía que el enemigo estuviera tan próximo. Se acercó hasta la posición del Comandante Joaquín París y del batallón Bogotá y le ordenó que junto al Coronel Jesús Barreto, que comandaba la caballería, se adelantasen, reconocieran el terreno y el escenario preparado por el enemigo. Barreto y París se toparon con los españoles situados en las alturas de Cariaco, se aproximaron cuanto fue posible, evaluaron las posiciones realistas, y concluyeron que lo mejor era intentar atacarlas por el flanco derecho, a pesar de ser un terreno muy escarpado. Durante varios días sólo hubo algún que otro intercambio esporádico de disparos. El Libertador, después de haber ordenado el avance del resto del ejército, se adelantó, y se reunió con sus dos oficiales. El Coronel Barreto le informó del reconocimiento efectuado al tiempo que llegaba el General Pedro León Torres a la cabeza de su División. Estudiados los informes, el 27 de abril, Bolívar ordenó a Torres que atacara el centro del despliegue español, a la vez que el general Manuel Valdés, que había abandonado su escondite de más de un año disfrazado de cura después del desastre de Genoy para incorporarse al ejército de Bolívar, recibió orden de asaltar con el batallón Rifles los parapetos que protegían el flanco derecho del enemigo. Los batallones del general Torres se estrellaron contra las defensas realistas y el propio general cayó mortalmente herido. Todos los oficiales de alta graduación que le sustituyeron fueron cayendo uno tras otro, teniéndose que hacer cargo de la División oficiales de menor graduación. La lucha fue terrible y las bajas numerosas en ambos bandos. A las 6 de la tarde, después de arduos combates, la batalla estaba indecisa, y tan sangrienta la lucha como en sus inicios. El número de muertos y heridos entre los reublicanos era enorme. Los batallones Bogotá y Vargas habían sido casi aniquilados. Bolívar decidió lanzar al único batallón que le quedaba en reserva pero fue también rechazado con grandes pérdidas por el incesante fuego realista. Mientras tanto, el batallón Rifles, que había marchado por el costado derecho de la huestes de Basilio García, subió la ladera quebrada, pero se dio de bruces con una columna española posicionada al inicio de la loma. Los Rifles consiguieron finalmente desalojar a los de García y coronar la cima donde plantaron la bandera de batallón. Con la llegada de la noche, la situación era confusa, el coronel Basilio García tomó la decisión de replegarse. Bolívar hizo caso omiso a las buenas nuevas que le llegaban del frente y también se retiró, no sin antes destruir gran parte de su armamento y equipo para que no cayera en manos españolas. Estas medidas de los dos jefes enfrentados han llevado a algunos historiadores a afirmar que no hubo un claro vencedor, opinión rebatida por la mayoría de los expertos.

El 9 de febrero de 1822, un comandante realista, José María Obando, se pasó a los independentistas[47] y se presentó a Bolívar. Nacido en Popayán era hombre de fama deplorable por su crueldad y hasta por sus aficiones al bandolerismo. Al mirarle por primera vez, no se imaginaría Bolívar que tenía delante al hombre que ocho años más tarde iba a ensombrecer su alma con la muerte de Sucre[48] y a precipitar su propia muerte. Obando le dijo que los

---

[47] En el texto original se les denomina independientes. Se ha cambiado para mayor claridad.

[48] A Obando se le considera uno de los principales cabecillas en el asesinato de Sucre. Sin embargo, no hay pruebas concluyentes de ello. La muerte de Sucre afectó mucho a Bolívar que ya se encontraba enfermo. Murió seis meses después que aquél.

españoles contaban lo menos con tres mil infantes bien armados y 1000 jinetes. Bolívar lo cuenta, y o él u Obando exageran de un modo extravagante. Hasta el informe oficial de la batalla de Bomboná, escrito desde luego para presentarla del modo más favorable a Bolívar, no da a García más de 2000 hombres; y otros cálculos más fehacientes estiman la fuerza realista en 1200. Bolívar examinó con Obando el mejor modo de avanzar a fin de no fracasar en el empeño como les había ocurrido a Nariño y Valdés; pues, como se lo escribía a Santander (27 de febrero de 1822), temía la vergüenza de ir "hasta el Juanambú y volver a venir como los demás que han hecho esta misma marcha".

Tal fue precisamente su suerte. Dos días antes le escribía Santander a él: "Nos queda otra vez el Juanambú y Pasto, el terror del ejército y, es preciso creerlo, el sepulcro de los bravos, porque 36 oficiales perdió allí Nariño y Valdés ha perdido 28 que no repondremos fácilmente. Resulta, pues, que Vd. debe tomar en consideración las ideas de Sucre de abandonar el propósito de llevar ejército alguno por Pasto, porque siempre será destruido por los pueblos empecinados, un poco aguerridos y siempre, siempre victoriosos." Pero Bolívar estaba cerrado en su propósito y tomó el camino del Juanambú por la misma vía que Valdés, dividiendo su ejército en tres columnas que se encontraron en la Alpujarra (22 de marzo de 1822). Su ruta dejaba a la izquierda el camino directo a Pasto por Berruecos. El 24 de marzo el ejército cruzaba el Juanambú por Burrero.

Don Basilio García, que mandaba las tropas realistas, era un coronel español cruel, irascible, reaccionario y absolutista, aborrecido por los oficiales liberales que abundaban en el ejército español. Cuando se hubo apoderado del mando intrigando contra Calzada, la división conspiró para pasarse a los "patriotas", y lo hubiera hecho de no haberlo impedido la conducta de Manuel Valdés en Popayán donde asesinó a varios realistas notables. Don Basilio era, no obstante, hombre de ingenio mordaz, que devolvió a Bolívar sin comentario (28 de marzo de 1822) el fárrago de falsificaciones que Bolívar le había mandado para deprimir a su oficialidad. Bolívar probó otra de sus tretas; una oferta de armisticio de una semana o dos, que le propuso por mediación de Paz Castillo. Esta vez García contestó proponiendo que Bolívar volviera otra vez a pasar el Juanambú y aguardara en la ribera norte la contestación que daría Aymerich a su propuesta. Pero Bolívar ocupó Consacá (6 de abril de 1822); lo que obligó a García a pasarse, mediante una marcha difícil, a posiciones al sur del barranco de Cariaco, con su izquierda sobre el Guáitara. De este modo

Bolívar no tenía más opción que dar la batalla o abandonar su plan de seguir hacia los Pastos. Optó por lo primero.

El domingo de Pascua (27 de abril de 1822) comenzó la batalla de Bombará, tan desastrosamente para los "patriotas" que los realistas cruzaron el barranco, y se apoderaron del campamento de los regimientos Vargas y Bogotá, cuya munición y banderas se llevaron, con numerosos prisioneros. Pero, al caer la tarde, persiguiendo a una avanzadilla española, Valdés con el batallón de Rifles se apoderó inopinadamente de la altura que dominaba la derecha realista, y las tropas de García, atónitas al ver en aquella altura a los independentistas, se pusieron en fuga. Bolívar no se enteró de este éxito, pues el ayudante de Valdés que fue a comunicárselo a las once de la noche no se expresó con claridad, y Bolívar, deprimido por la matanza de los suyos, apenas si le escuchaba, creyendo que le traía nuevas de otro desastre. Prosiguió la batalla bajo la luz de la luna hasta las ocho de la noche, en que se ocultó tras las nubes, reduciendo a ambos ejército a la inmovilidad; pero a las dos de la madrugada abandonaba el campo el lugarteniente de García. Bolívar también ordenó una retirada. "A esa hora (escribe Obando) nuestro campo parecía un taller, pero un taller de destrucción, se rompieron más de 1500 fusiles, se quemaron municiones y cargamentos de vestuarios, y se inutilizó todo cuanto estorbase nuestra retirada." Según Obando la batalla costó a los independentistas 800 muertos y más de 1000 heridos. "El Libertador (dice) estaba muy afectado." Su conclusión es tan concisa como exacta, "ambos contendientes perdieron la batalla: nosotros, la fuerza; los españoles, el campo.

Comenzó entonces una correspondencia agridulce entre ambos caudillos; Bolívar pidiendo el derecho de pasar hacia el sur por ser el vencedor, García negándose por poder hacerlo; hasta que al fin Bolívar tuvo que volverse por donde había venido constantemente hostigado por las tropas realistas. El 2 de mayo cruzó el Juanambú y después el río Mayo; yendo a instalarse en la parroquia del Trapiche, a más de 20 leguas al norte del lugar del combate. Iba tan deprimido por la derrota, por el clima y por la fatiga, que durante esta retirada tuvieron que llevarlo en camilla. Tal fue la batalla de Bombará, presentada generalmente como una victoria de los "patriotas;" pero que, juzgada con el único criterio objetivo de la guerra, -¿qué voluntad dominó a la otra?- fue en realidad una de las derrotas más graves de Bolívar.[49]

---

[49] Madariaga, Salvador. Bolívar. Tomo II. Págs. 164-166. Editorial Espasa Calpe. Madrid.1975.

Al caer la noche Basilio García regresó a Pasto. Al día siguiente dirigió al Libertador una atenta carta lamentando las pérdidas que había sufrido su ejército en la batalla, y le devolvía las banderas de los batallones Bogotá y Vargas, que había retirado de los cadáveres de los abanderados que las portaban y que aún las sujetaban con sus frías manos. En la carta el coronel español manifestaba lo siguiente:

"Remito a Vuestra Excelencia las banderas de los Batallones de Bogotá y Vargas. Yo no quiero conservar un trofeo que empaña las glorias de dos batallones de los cuales se puede decir que, si fue fácil destruirlos, ha sido imposible vencerlos".

En Pasto se enarbolaban todavía las banderas de España, pero tras la derrota española en la batalla de Pichincha (24 de mayo de 1822), García se dio cuenta de que su situación era ya insostenible. Teniendo buen cuidado de ocultarle a Bolívar la noticia de la batalla, le hizo saber su voluntad de aceptar un armisticio honroso, que el Libertador no dudó en ofrecerle con unas condiciones muy ventajosas, pues prometió garantizar la vida y los bienes de todos los ciudadanos de Pasto. Bien es cierto que la situación del prócer revolucionario era bastante crítica y lamentable, le faltaban los víveres y no podía enviar partidas en busca de ellos porque los guerrilleros realistas asaltaban y destruían a cuantos se atrevían a intentar la consecución de suministros.

Los indomables pastusos no variaron de opinión en cuanto a la capitulación, y estaban todos dispuestos a morir con las armas en la mano antes que entregarlas a su odiado enemigo. Basilio García optó por la rendición y ello le supuso el tener que abandonar Pasto para evitar las iras desatadas de sus habitantes.

Por fin entró Bolívar en Pasto, donde trató cortésmente a su oponente. Cuando por fin vino en conocimiento del triunfo del mariscal Sucre en Pichincha, no aceptó que la rendición de Pasto se debiera a la victoria de aquél y le escribió a Santander para que en la gaceta oficial se publicara que la ocupación del bastión realista se debía a su buen hacer y no a la gloria de las armas de su Sucre.

En la batalla de Bombná Bolívar no despedazó a los realistas, el autor (Baralt y Díaz) en su propósito por resaltar la muerte de Torres olvidó el alto número de soldados muertos y heridos, esta omisión es comprensible porque en la primera parte del siglo XIX "los pobres, indígenas y negros" tenían un espacio secundario en la historiografía. Por otro lado Basilio García no estaba preso y Bolívar en la capitulación respetó el estatus de los militares que participaron en ese combate.[50]

Cuando el 8 de junio Bolívar entró en Pasto, fue recibido con frialdad por los habitantes de la ciudad en la que el pueblo llano, principalmente los indígenas, no aceptaron el acuerdo firmado por sus dirigentes. La ciudad pasaba a estar ocupada por las tropas republicanas.

Había pensado no escribir a Vd. sino de Pasto, o el otro mundo, si las plumas no se quemaban; pero estando en Pasto tomo la pluma y escribo lleno de gozo, porque a la verdad hemos terminado la guerra con los españoles asegurando para siempre la suerte de la república. En primer lugar, la capitulación de Pasto es una obra extraordinariamente afortunada para nosotros, porque estos hombres son los más tenaces, más obstinados, y lo peor es que su país es una cadena de precipicios donde no se pueda dar un paso sin derrocarse. Cada posición es un castillo inexpugnable, y la voluntad del pueblo está contra nosotros, que habiéndoles leído públicamente aquí mi terrible intimidación, exclamaban que pasaran sobre sus cadáveres; que los españoles no los vendían y que preferían morir a ceder. Esto lo sé hasta por los mismos soldados nuestros que estaban aquí enfermos. Al Obispo le hicieron tiros

---

[50] Zarama Rincón, Rosa Isabel. Héroes y Antihéroes en Pasto y Coro. Revista Montalbán N° 38. UCAB.

porque aconsejaba la capitulación. El coronel García tuvo que largarse de la ciudad huyendo de igual persecución. Nuestra división está aquí, y no hace una hora que me ha pedido una guardia de Colombia, por temor a los pastusos...[51]

---

[51] Bolívar, Simón. Epistolarios Bolívar-Francisco de Paula Santander. Pág. 230. Tomo I. Ediciones de la Presidencia de la República. Caracas. 1983.

Capítulo 6
BENITO BOVES

P oco se conoce de la trayectoria de Agualongo todo estos años. Aunque el general Obando en sus "Apunta-mientos para la Historia" deja entre ver que Agualongo había participado en la derrota española de Pichincha el 24 de mayo de 1822 y que se fugó del fortín de El Panecillo donde se encontraba prisionero, la mayoría de historiadores rechazan estas afirmaciones al no figurar el nombre de nuestro héroe en "la minuta de los presos realistas en Panecillo."[52]

Del fuerte Panecillo, donde se asilaron para capitular los restos vencidos en Pichincha, se habían fugado para Pasto los tenientes coroneles Boves,[53] español, y Agualongo, pastuso, trayendo el plan de revolucionar a Pasto. En efecto al moverse el ejército sobre el Perú, se levantaron en masa y atacaron y batieron en Cuarchú la fuerza que tenía el coronel Obando.[54] Este alzamiento capitaneado por aquellos jefes no tenía por objeto la venganza de ningún agravio, pues que ninguno habían recibido, sino la ejecución de un plan concertado para distraer con esto la atención de las fuerzas que marchaban sobre Perú y presentar ese apoyo al grande ejército español que dominaba esta república.[55]

---

[52] Montezuma Hurtado, Alberto. Op. Cit. Pág. 56.

[53] Algunos historiadores señalan que Benito Boves era sobrino de Tomás Boves, el vencedor de Bolívar en Venezuela. Otros rechazan esta afirmación.

[54] Antonio Obando. No se debe confundir con el general José María Obando.

[55] Obando, José María. Apuntamientos para la historia. Págs 26-27. Imprenta del Comercio. Lima. 1842.

Merece la pena hacer un inciso para recordar una curiosa anécdota que reseña el general José María Obando en sus Apuntamientos. Obando fue un oficial realista que se pasó a las fuerza rebeldes. En su obra cuenta lo siguiente:

"El 2 de abril, después que habíamos pasado el formidable Juanambú, se anunció en nuestra avanzada un oficial español del batallón Tiradores de Cádiz con comisión del coronel D. Basilio García cerca de mí. Sabido esto por el libertador, me ordenó que fuese a oír al oficial; yo pedí que se me asociase alguno, y fui con el coronel Barreto que se ofreció a acompañarme. El oficial venía a decirme y me dijo, que venía encargado de expresarme a nombre de D. Basilio y demás antiguos compañeros el sentimiento que les había producido mi deserción, y que aún me recibirían con regocijo si yo me volvía a ellos. Lleno de gratitud por un hecho, tal vez único en toda la revolución, le contesté que con aquella rara demostración habían aumentado los títulos que los hacían acreedores a mi eterno reconocimiento, del cual esperaba darles indudables pruebas en la próxima desgracia que les aguardaba. Luego invité al oficial comisionado a que tomase servicio por el ejército Libertador y él me respondió, que **a un español no le caían bien las divisas de la causa que yo defendía.**"[56]

Se tienen noticias de que en agosto del 1821, tras la derrota realista por las fuerzas de Sucre en Yaguachi, Agualongo, que se encontraba en Cuenca, temió quedar encerrado y organizó la evacuación de la ciudad el 20 de Septiembre. Pero al recuperarse los españoles y derrotar a los republicanos en la sangrienta jornada de Guachi en septiembre de 1821 ("aún no puedo calcular el número de muertos; pero horroriza al menos sensible el ver estos campo sembrados de cadáveres y teñidos de sangre"),[57] Agustín volvió a Cuenca

---

[56] Obando, José María. Op. Cit. Págs. 21- 22.

[57] Parte del mariscal Aymerich. *Citado en* López. Manuel Antonio. Op. Cit. Pág 51.

donde obtuvo los galones de capitán y en la que permaneció cinco meses hasta principios de enero de 1822.

"Se sabe que con grado de capitán, Agualongo tuvo bajo su mando una compañía de guarnición en Cuenca con la que libró encuentro favorable contra un destacamento republicano, y todo indica que de allí se prendieron sus presillas de teniente coronel, impuestas seguramente por la mayor autoridad militar, ejercida todavía por el mariscal don Melchor Aymerich, el antiguo fugitivo de San Juan de Pasto."[58]

Aymerich citó al flamante nuevo teniente coronel a la ciudad de Quito, mientras éste entregó el mando de la ciudad al coronel Carlos Torá.

Cuando el 24 de Mayo de 1822 tiene lugar la desgraciada para las armas españolas, batalla de Pichincha, Agualongo se hallaba en el campamento de Iñaquito con el batallón Constitución. Después de la batalla, el Coronel Calzada reunió las escasas fuerzas que le quedaban, el batallón de Tiradores de Cádiz, el de la Constitución y los restos del Cataluña y a marchas forzadas retornó a Pasto donde la firma de las capitulaciones entre Bolívar y Basilio García permitieron la entrada del Libertador en la ciudad la primera semana de junio. Agualongo que no aceptaba el nuevo "status quo" se retiró a las montañas reiniciando las operaciones militares, en una guerra de guerrillas que contó con el apoyo de las comunidades indígenas de los contornos, que, como hemos mencionado en el capítulo anterior, no gustaban del armisticio firmado entre Basilio García y Bolívar.

A finales de Octubre, el fugado de El Panecillo, teniente coronel Benito Boves, arribaba a Pasto (Bolívar había partido para Quito dejando en la villa una escasa fuerza para proteger a las nuevas autoridades republicanas). No le costó mucho al

---

[58] Montezuma Hurtado, Alberto. Op. Cit. Pág. 56.

carismático teniente coronel hacerse cargo de las guerrillas realistas, ser elegido jefe de las mismas y convencer al también teniente coronel Agustín Agualongo que fuese su segundo en el mando. El 28 de octubre al grito de ¡Viva el rey! entraban en la ciudad las guerrillas pastusas a las órdenes del autoproclamado comandante general del ejército del rey don Benito Boves. El jefe guerrillero destituyó a los nuevos dirigentes republicanos y nombró gobernador militar y político de Pasto al antiguo jefe realista don Estanislao Merchancano. Con esta actuación los acuerdos con Bolívar quedaban rotos y Pasto volvía al bando de los que defendían la causa del rey que nunca habían abandonado. Evidentemente la capitulación de la clase dirigente de Pasto ante Simón Bolívar no había sido bien vista por los sectores populares que la noche del 8 de junio de 1822 se sublevaron e hicieron huir a Basilio García y estuvieron a punto de asesinar al obispo, Jiménez de Enciso, al que le dispararon varios tiros por estar de acuerdo con el armisticio firmado. Las milicias pastusas habían vencido en Bomboná y no entendían cómo de un día para otro las élites de Pasto con el Obispo Jiménez de Enciso y el Coronel español Basilio García al frente, los habían entregado.

En poco tiempo, Boves y Agualongo reunieron cerca de 1000 efectivos, que una vez instruidos, emplearon para atacar Túquerres defendida por el coronel Antonio Obando quien pudo escapar y dar la voz de alarma en Quito.

El libertador se hallaba en Quito cuando recibió el parte de una nueva sublevación de Pasto, capitaneada por el Teniente Coronel don Benito Boves, que se escapó del depósito de prisioneros y fue a asilarse en donde se le reunieron otros españoles prófugos, y el 28 de octubre, al grito de ¡Viva Fernando VII!, se apoderaron de la ciudad y marcharon rápidamente a Túquerres, capital provisoria de la nueva provincia, y sorprendieron a su Gobernador, Coronel Antonio Obando, y luego Boves con esta medida organizó una fuerza de 1500 hombres que armó con los fusiles que tenían ocultos los pastusos y algunos que tomaron en Pasto y Túquerres, en los almacenes en que se guardaban las armas recogidas, y 700 que perdió Obando cuando lo batió Boves.[59]

Aprovechando la victoria, Boves se dirigió a las clases pudientes de Pasto (algunos se habían opuesto a su presencia en la ciudad temiendo futuras represalias) y les exigió una contribución monetaria para mantener su campaña y a sus tropas.

"Lista de los individuos que deberán contribuir para el Ejército Real debiendo verificarlo dentro del término de tres días, presentando las cantidades siguientes al señor gobernador militar y político de la ciudad de Pasto, don Estanislao Merchancano. Los que no lo verifiquen en el término citado serán tenidos por traidores al rey, y embargados sus bienes.

El vicario don Aurelio Rosero	1000
Cura de Matituy, don Toribio Rosero	1000
El Admor. de Monjas, don José Paz	100
El paisano don Blas Bucheli	100
R.P. Maestro Fr. Antonio Burbano	1000
Doña Margarita Aux	300
Doña Margarita Chaves	100
El comerciante don Joaquín Santacruz Andrade	500
La mujer de Ramón Córdoba	400
El paisano don Pedro Guerrero	2000
El comerciante don Mariano Jurado	1000
Don Manuel Enríquez Guerrero	4000

El señor administrador de tributos entregará las cuentas de los dineros que anteriormente haya recibido, respecto de haberse acabado esta recolección, porque ya no debe haberlo hasta que resuelva su majestad el rey don Fernando VII.

---

[59] Cipriano de Mosquera, Tomás. Memoria sobre la Vida del General Simón Bolívar. Pág 434. Imprenta Nacional. Bogotá. 1954.

Cuartel General de Túquerres, noviembre 15 de 1822.
Benito Boves."[60]

Merchancano comisionó a dos oficiales para que hicieran la recaudación bajo amenaza de que Boves fusilaría a quienes se negaran a pagar aumentando con ello el malestar que algunos ilustres Pastusos sentían hacia aquél.

Las trágicas noticias de lo acaecido en Túquerres preocuparon a Bolívar. Formó una expedición al mando del mariscal Sucre para terminar con la insurrección de Boves y Agualongo. La expedición se componía del batallón de Rifles y los escuadrones de Granaderos, Guías, Cazadores Montados y Dragones. Boves requisó todo el ganado que encontró en Túquerres y se retiró a la posiciones de Taindala cerca de Yacuanquer, donde estableció el cuartel general que podía apoyar militarmente aprovechando el cruce del puente sobre el río Guáitara.

Taindala es una pequeña llanura que se extiende en las inmediaciones de la escabrosa topografía del cañón del Guáitara. Al no encontrar ningún impedimento en el camino, las tropas del mariscal Sucre progresaron hasta vislumbrar la planicie de Taindala. En un principio creyeron que el 24 de noviembre de 1822 dormirían en Pasto, pero fueron atrapados por el fuego y la fuerte resistencia de los milicianos pastusos que armados también de palos, lanzas y cualquier artilugio que les sirviera para defenderse, se enfrentaron al poderoso ejército quiteño de algo más de mil quinientos hombres. Inicialmente el encuentro entre Sucre y Boves no pudo ser más desastroso para el general independentista. El batallón de Rifles atacó las defensas realistas y fue rechazado con importantes pérdidas. Sucre no quiso empeñar la caballería y se retiró a Túquerres a esperar los refuerzos que le había prometido el Libertador. Los

---

[60] Mejías y Mejías. Citado en Elías Ortiz, Sergio. Op. Cit. Pág 331.

pastusos conocedores del terreno y acostumbrados a pelear en condiciones de inferioridad en terrenos escarpados, derrotaron de manera contundente al glorioso Sucre, obligándole a replegarse sin darle tiempo a recoger a los heridos, muchos de los cuales se ahogaron en las profundas aguas del Guáitara.

Mientras esperaba los auxilios que le había confirmado el General Simón Bolívar para dominar a Pasto y su gente, la población de Túquerres sirvió de cuartel general para las tropas que dirigía el mariscal republicano. En Pasto había mucha preocupación. Recordaban acontecimientos anteriores donde la población había sido objeto de toda clase de afrentas por parte de los ejércitos independentistas que arribaron tanto del sur como del norte de la región. Se confiaba en el valor y denuedo de sus milicias pero también se ignoraba la entidad del enemigo al que se enfrentaban. Faltaba un mes para Navidad y casi todo el mundo esperaba una tregua que permitiera celebrar en paz el nacimiento de Cristo. El Mariscal Antonio José de Sucre no estaba dispuesto a prestar oídos a las peticiones de tregua por parte de quienes lo habían derrotado en los campos de Taindala. Por otro lado esperaba los socorros prometidos por Bolívar que venían de Quito, razón por la cual preparó adecuadamente a sus tropas y afirmó que, sin importar las fechas tan señaladas de la Navidad, entraría a sangre y fuego en la ciudad y la borraría del mapa si fuera necesario. Con la llegada de los batallones Vargas y Bogotá, Sucre marchó nuevamente contra Boves. El 22 de diciembre de 1822 se produjo otro choque en el río Guáitara. La superioridad republicana hizo retroceder a los guerrilleros de Boves y Agualongo a las posiciones de la quebrada de Yacuanquer, lo que permitió al general insurrecto dirigirse a Pasto. Y una vez más, Sucre dispersa a los realistas organizados en Yacuanquer dejando el camino expedito hasta la ciudad. Boves tuvo que escapar en dirección al pueblo de La Laguna (posiblemente llegó hasta Brasil y allí cogió un barco para España, muriendo en el olvido en su tierra asturiana). Los pastusos que se rindieron enarbolando la bandera blanca fueron asesinados sin remisión. Los pocos que consiguieron sobrevivir se dirigieron a las montañas buscando la salvación.

Fuera lo que fuera y pese a las reservas mentales y a las polémicas, la insurrección iniciada el 28 de octubre de 1822 con el coronel Remigio Benito Boves al frente, alcanzó a reclutar no menos de mil quinientos hombres, lo que constituye un contingentes de mucha importancia, y con ellos se paseó engreídamente por la provincia de los Pastos, desbaratando a su gobernador, el ya mencionado coronel Antonio Obando cuyos trescientos fusiles le fueron de preciosa utilidad. Cuenta don José Manuel Groot, que Boves regresó de Túquerres con mil quinientos caballos y tres mil reses, que sin duda no pagó en su valor comercial –o en ningún valor- y se parapetó en Taindala, otra sección del municipio de Yacuanquer, entre los sobrecogedores peñascos que le hacen corte poco menos que fantasmagórica al río Guáitara, y allí rechazó causándole serias pérdidas al propio general Sucre, vencedor de Pichincha, que hubo de volver la cara y la tropa hacia Túquerres para reorganizar sus efectivos. Una vez rehechos y preparados en el saludable clima de la sabana de Túquerres, los batallones Rifles, Vargas, Bogotá, Dragones de la Guardia, Cazadores, Guías y Milicias de Quito, superaron los peñascales y elevaciones entre Yacuanquer y Pasto, y peleando sin respiro descendieron a la ciudad por las cuestas de Caracha hasta el Barrio de Santiago, sin que la feroz resistencia que en todas partes encontraron debilitara su ímpetu.

Por el número de combatientes, los movimientos de conjunto, las luchas cuerpo a cuerpo , el arrebatamiento o la ira de parte y parte, la duración, los muertos, la de San Juan de Pasto fue una verdadera batalla y se habría prolongado quién sabe por cuánto tiempo si el desconcierto no hubiera surgido para quebrar el ánimo de los realistas, al cundir en la peor fase de la refriega, la conseja o la voz inesperada de que peleaban sin jefe, de que se sacrificaban en una acción inconexa, individual, desordenada. Se ignora si asumiendo de pronto la disolvente certeza de su inferioridad y por ende de su fracaso, y acosado ya por la visión o la pesadilla de su fusilamiento, el general de pocos días don Remigio Benito Boves resolvió en buena hora para él y en compañía de sus curas revoltosos y de sus paisanos españoles, tomar el primer camino abierto, el menos peligroso, que sería el de Oriente, hacia la Laguna, donde encontraría caballos de relevo, y luego las trochas a Sibundoy, las rampas de Mocoa, las escampavías o chalanas del Putumayo, del amazonas y del misterio. Agualongo, por su parte, debió comprender con mayor sensibilidad indígena y por lo tanto a buen tiempo, que ya no era aconsejable correr más riesgos, y tampoco dijo la crónica a qué hora abandonó los caminos donde se combatía; ante la certidumbre del desastre, no le quedó más remedio que desaparecer, rumbo a sus montañas protectoras.[61]

En Pasto el municipio se había fortificado para la defensa. Contaba con 2000 hombres armados dirigidos por Merchancano dispuestos a defender sus casas de las hordas republicanas. El 24 de diciembre se iniciaron los combates. La lucha fue cruenta, los combates encarnizados, pero la supremacía republicana terminó con todo atisbo de resistencia. Estanislao Merchancano y el coronel Agustín Agualongo huyeron también a las montañas al darse cuenta que se encontraban en inferioridad de condiciones y que, por lo tanto, en caso de dar batalla seguramente serían hechos prisioneros o muertos.

Los independentistas entraron en Pasto cometiendo toda clase de violaciones y tropelías con el permiso de Sucre y mandato de Bolívar y escribirían una de las páginas más oprobiosas de toda la historia de la independencia de América.

[61] Montezuma Hurtado, Alberto. Op. Cit. Págs. 73-75.

Capítulo 7
LA NAVIDAD NEGRA

E l tremendo odio que el Libertador Simón Bolívar sentía contra la ciudad de Pasto y sus moradores, por el apoyo a España, se desencadenó en la navidad de 1822, cuando las tropas patriotas, al mando de Antonio José de Sucre, se tomaron la ciudad y protagonizaron uno de los más horripilantes episodios de la guerra de la Independencia. Fue una verdadera orgía de muerte y violencia desatada, en la que hombres, mujeres y niños fueron exterminados, en medio de los más incalificables abusos. Este hecho manchó sin duda alguna, la reputación de Sucre, quien de manera inexplicable permitió que la soldadesca se desbordara, sin ninguna clase de control...

...Solo una mente bipolar desequilibrada pudo ordenar unas acciones tan terribles, en contra de un pueblo entero. Con este ataque del ejército patriota a la ciudad, Simón Bolívar demostró una vez más su odio visceral en contra del pueblo pastuso y como instrumento de su sangrienta venganza, utilizó a su paisano, el General Antonio José de Sucre, el oficial de sus mayores afectos, quien, de manera inexplicable, permitió a los soldados a su mando el perpetrar toda clase de iniquidades, como jamás se habían visto.

Podría decirse que la saña con la que llegó el ejército republicano era producto de la corajuda guerra que les estaba dando la ciudad de Pasto y el reciente revés sufrido en Taindala. Pero nada de eso, ni siquiera el anhelo de una liberación continental para las élites "criollas", justifica la matanza y los abusos cometidos.[62]

---

[62] Medina Patiño, Isidoro. Bolívar, Genocida o Genio Bipolar. Pág. 69-70. Impresión Visión Creativa. Colombia. 2009.

El propio general Obando, muy comedido en sus comentarios y posiblemente el más objetivo en sus escritos, responsabilizó de los excesos al general Sucre. En los "Apuntamientos" cuenta como algunas madres buscaban a algún soldado blanco para que arrebatara la virginidad de su púber hija antes de que lo hiciera un soldado negro.

No sé cómo pudo caber en un hombre tan moral, humano e ilustrado como el general Sucre, la medida altamente impolítica y sobremanera cruel de entregar aquella ciudad a muchos días de saqueo, de asesinatos y de cuanta iniquidad es capaz la licencia armada; las puertas de los domicilios se abrían con la explosión de los fusiles para matar al propietario, al padre, a la esposa, al hermano y hacerse dueño el brutal soldado de las propiedades, de las hijas, de las hermanas, de las esposas; hubo madre que en su despecho saliese a la calle llevando a su hija de la mano para entregarla a un soldado blanco antes de que otro negro dispusiese de su inocencia; los templos llenos de depósitos y de refugiados fueron también asaltados y saqueados; la decencia se resiste a referir por menor tantos actos de inmoralidad ejecutados sobre un pueblo entero que de boca en boca ha transmitido sus quejas a la posteridad.[63]

El batallón de Rifles compuesto por mercenarios británicos será el más salvaje de todos. Derrotados por Benito Boves en Taindala, no olvidarán la humillación y se lanzarán a una orgía de locura y desenfreno durante varios días. Cuentan las crónicas que una madre con su bebé en brazos huyó de varios soldados del Rifles. Cuando fue atrapada, uno de los soldados lanzó al niño al aire y antes de que cayera al suelo lo ensartó con su bayoneta en medio de las risas y carcajadas del resto. La madre sufrió violación en plena calle delante del cadáver de su hijo. Nada podrá superar la premeditada barbarie que sufrió todo un pueblo, habitantes de la ciudad y comarca de Pasto, en diciembre de 1822.

---

[63] Obando, José María. Op. Cit. Pág. 27.

También el historiador Elías Ortiz refiere la tragedia:

Lo que pasó después fue una iniquidad que no puede perdonar la historia. Los soldados vencedores penetraron en la ciudad ebrios de sangre y empezaron a matar a todo el que oponía la más mínima resistencia o se lo encontrara con un arma en la mano. Como muchos de los habitantes se habían encerrado en sus casas y echado el cerrojo, empezó la obra de destrucción de hacer volar en astillas puertas y ventanas para buscar a los milicianos o los haberes de las familias para saquearlos, sin perdonar las vidas. En algunos hogares perecieron todos los moradores porque se creía que ocultaban algo. No se perdonó a las mujeres, ni a los ancianos, ni a los niños, aunque muchos se habían refugiado en las iglesias. En la de San Francisco, joya del arte colonial por su altares y por la riqueza de sus paramentos, los Dragones penetraron a caballo y cometieron los más horribles excesos en las mujeres que allí se habían acogido; del robo sólo se libraron los vasos sagrados que horas antes se habían puesto a buen recaudo. La Noche Buena de ese año fue para los pastusos una negra noche de amarguras. Una Navidad Sangrienta, llena de gritos de desesperación, de ayes de moribundos, de voces infernales de la soldadesca entregada a sus más brutales pasiones. Imposible narrar todos los horrores en esa que debía ser "noche de paz, noche de amor". Por tres días se prolongaron los salvajes excesos en los que se distinguieron como más crueles y desalmados los soldados del batallón Rifles; por ello quedó en la crónica familiar, como un recuerdo atroz, la frase que encarnaba el episodio trágico: "Cuando entraron los Rifles..."[64]

Como cuenta Elías Ortiz, no se libraron ni quienes se refugiaron en las iglesias. En la misma catedral tuvo lugar un episodio luctuoso que aún hoy en día estremece a quien lo conoce. Las tropas al mando de Sucre y enviadas por el Libertador Simón Bolívar perpetraron un asesinato espantoso, cuya víctima fue el sacristán que pasaba de los 80 años de edad. Los independentistas lo obligaron a colocar su cabeza en la pila bautismal. El pobre anciano no pudo hacer nada para

---

[64] Elías Ortiz, Sergio. Op. Cit. Pág. 334.

defenderse de la brutal agresión. Uno de los oficiales patriotas, le golpeó con una piedra hasta que le destrozó el cráneo. La escena no pudo ser más dantesca. La sangre y los restos de la masa encefálica salpicaron por doquier y mancharon las paredes de la iglesia. Mientras se perpetraba este asesinato incalificable, la soldadesca rompía y profanaba las sagradas imágenes de las vírgenes y de los santos a las que despojaban de las joyas donadas por los fieles pastusos. Las mujeres que habían buscado asilo en el templo fueron violadas y posteriormente degolladas al igual que sus maridos e hijos. "Las violaciones fueron múltiples y de acuerdo con las crónicas de la época, todas las mujeres que fueron sorprendidas en Pasto ese 24 de diciembre de 1822, fueron víctimas de vejámenes sexuales, de los cuales no se salvaron las monjas en los conventos."[65]

Por su parte el voluntario irlandés Daniel Florencio O'Leary dijo en referencia a la Navidad Negra:

…en horrible matanza que siguió, soldados y paisanos, hombres y mujeres, fueron promiscuamente sacrificados.[66]

Un ilustre Pastuso, el doctor José Rafael Sañudo, que escribió un libro muy crítico con Bolívar el cual supuso para el eminente historiador el descrédito, cuando no el insulto (aunque hoy en día su obra está catalogada entre las mejores para conocer la personalidad del libertador), cuenta la tragedia como sigue:

Se entregaron los republicanos a un saqueo por tres días, y asesinatos de indefensos, robos y otros desmanes hasta el extremo de destruir como bárbaros al fin, los archivos públicos y los libros parroquiales, cegando así tan importantes fuentes históricas. La matanza de hombres, mujeres y niños se hizo

---

[65] Medina Patiño, Isidoro. Op. Cit. Pág. 73.

[66] O'Leary, Daniel Florencio. Citado en Montezuma Hurtado, Alberto. Op. Cit. Pág 87.

aunque se acogían a las iglesias, y las calles quedaron cubiertas con los cadáveres de los habitantes; de modo que "el tiempo de los Rifles" es frase que ha quedado en Pasto para significar una cruenta catástrofe. Quizás el haber permitido Sucre tan Nefandos hechos, dio causa a que la Providencia señalara los términos de Pasto ocho años después.[67]

Otros muchos historiadores y eruditos han recogido en sus escritos los trágicos y macabros sucesos ocurridos en pasto la noche del 24 al 25 de diciembre del fatídico año de 1822 como hizo por ejemplo el doctor Roberto Botero Saldarriaga.

Al combate leal y en terreno abierto sucedió una espantosa carnicería; los soldados colombianos ensoberbecidos por la resistencia, degollaron indistintamente a los vencidos, hombres y mujeres, sobre aquellos mismos puntos que tras porfiada brega habían tomado. Al día siguiente, cuatrocientos cadáveres de los desgraciados pastusos, hombres y mujeres, abandonados en las calles y campos aledaños a la población, con los grandes ojos serenamente abiertos hacia el cielo, parecían escuchar absortos el Pax Omnibus que ese día, el nacimiento de Jesús, entonan los sacerdotes en los ritos de Navidad.[68]

Después de tres días de matanzas, saqueos, bacanales, orgías y prácticas disolutas, el coronel Córdova, alarmado y escandalizado por lo que estaba ocurriendo, pidió a Sucre que terminara con la masacre. Aunque reticente, y debido a la insistencia de Córdova, Sucre cursó órdenes de que el mismo Córdova con su tropa se encargara de desarmar a los enloquecidos y borrachos soldados.

Pasto fue, pues, durante tres días el epicentro de hechos horribles y abusos inimaginables contra su población. En cercanías a la hoy Plaza de Nariño, soldados en avanzado estado de embriaguez seguían abusando sexualmente de las mujeres, sin importar que esto fuera en plena calle. Lo más

---

[67] *Citado en* Montezuma Hurtado, Alberto. Op. Cit. Págs. 87-88.
[68] *Citado en* Montezuma Hurtado, Alberto. Op. Cit. Pág. 88.

horrible de todo es que, muchas veces, satisfechos de su bellaquería, los infames soldados, procedían a degollar a las indefensas mujeres.

Respecto a los muertos, en las calles se amontonaron por lo menos quinientos cadáveres de hombres, mujeres y niños, la mayoría con el cuello cortado. Al cabo de pocos días y a pesar de la frialdad del clima, la pestilencia fue insoportable, ya que nadie se atrevía a sepultar los cadáveres por el riesgo de convertirse en uno de ellos, en una ciudad en donde la soldadesca hacía lo que le daba la gana. Tanto así que ni siquiera los templos de Santiago, San Juan, San Andrés, Taminanguito y San Sebastián, sirvieron de protección a quienes se refugiaron en ellos convirtiéndose en escenario de crímenes horrorosos, que parecieran ser cometidos por brutales dementes.

De esa nefasta navidad de 1822, han quedado para la posteridad muchas historias, que hoy, 187 años después, obviamente no han perdido vigencia en Pasto. Por ejemplo, es una realidad que, al darse cuenta de la llegada del ejército patriota, fueron muchos quienes, de manera desesperada, escondieron sus pertenencias de valor en patios y paredes, con la esperanza de volver algún día por ellas. Al respecto, son informaciones conocidas que numerosos entierros han sido descubiertos en viejas viviendas o en patios y, por lo que se sabe, una gran cantidad de tesoros todavía esperan ser descubiertos en la hoy capital de Nariño. Por mi parte, estoy plenamente convencido de esto puesto que en Pasto, en la época de los acontecimientos que estamos relatando, había personas que poseían grandes fortunas, especialmente en monedas de oro.

Finalmente, como epílogo de los trágicos acontecimientos de esa navidad de 1822, hay que decir que, por culpa de lo sucedido en esa fecha, la guerra de Independencia se prolongó por dos años más con todas sus trágicas consecuencias en lo humano y en lo económico. Ese diciembre no hubo celebración de navidad, ni villancicos, a consecuencia de la más espantosa tragedia que haya afrontado la ciudad de Pasto en su historia. Producto, de acuerdo con todos los antecedentes descritos, de una mente bipolar, como la del Libertador Simón Bolívar, quien encontró en su paisano Antonio José de Sucre un inesperado cómplice para que se perpetrara la matanza y abusos contra la población pastusa. Además, los documentos quemados fueron la causa para que se perdiera la memoria de la región, la cual ardió en las hogueras de la violencia y la barbarie.[69]

---

[69] Medina Patiño, Isidoro. Op. Cit. Págs. 73-75.

Capítulo 8
EL GUERRILLERO AGUALONGO

C uando el 2 de enero de 1823 Bolívar se presentó en Pasto, no tuvo compasión de los desdichados pastusos. Aparte de echarles en cara su traición y su apoyo a la causa de España, impuso a sus ciudadanos altísimas contribuciones pecuniarias y ordenó la leva de unos 300 jóvenes para enviarlos a combatir al Perú. Bolívar abandonó la ciudad el 14 y dejó como gobernador militar al general Bartolomé Salom para que continuara con toda la dureza que creyera conveniente la pacificación de la región. La primera medida de Salom fue encarcelar a casi 1200 vecinos y enviarlos a Quito. Los indomables pastusos no se dejaron amedrentar por una medida tan abusiva como injusta. Muchos se suicidaron en el camino otros se amotinaron y fueron fusilados en Guayaquil. Sólo unos cuatrocientos llegaron con vida a su destino.

De los prisioneros que se le hicieron a Boves en Pasto se remitieron para Guayaquil 250[70] pastusos, de los más peligrosos y empecinados realistas, y para que no se fugaran, se les llevaba amarrados de los lagartos de dos en dos; y cuál sería la obcecación de estos hombres, que al pasar por el pie del Chimborazo, donde hay una elevada peña al borde del camino, uno de ellos rompe las filas arrastrando al compañero, y se precipita por ella, diciendo "prefiero irme a los infiernos antes que servir a Colombia". Dos cuerpos

---

[70] El número sobrepasaba los 1000.

destrozados sobre las piedras fue lo que se alcanzó a ver allá en lo profundo del abismo; pero todavía sus compañeros llevaron más adelante su obstinación.

Habiendo llegado a Guayaquil, el Libertador dispuso que fueran al Perú en clase de reclutas, y los embarcaron en el bergantín Romeo, llevando por toda custodia cinco oficiales y once soldados pertenecientes a los cuerpos que habían marchado adelante. A los tres días de haber salido del puerto, se sublevaron a bordo, mataron a palos al Teniente Ignacio Durán y al Subteniente Sebastián Mejía, primos del que esto escribe, y dejaron medio muertos e inútiles al Teniente José Caicedo, a los otros dos oficiales y a seis soldados. Como el buque no llevaba más que doce marineros, el Capitán no pudo contener la sublevación, y lo obligaron a que hiciera rumbo a la costa del Norte, con la mira de desembarcar en un puerto de donde pudieran dirigirse a Pasto. El Capitán tuvo que ceder a la fuerza, viró por redondo y navegó hacia Tumaco, punto que le señalaron los sublevados para su desembarco. La bahía de este puerto es de poco fondo, y los buques tienen que fondear bastante distantes de tierra, y por consiguiente no se puede desembarcar con prontitud. Afortunadamente se encontraba fondeada en el puerto la fragata ballenera Spring-Grove, el Capitán del Romeo le hizo señal de alarma en su buque, y al momento el Capitán de la ballenera tripuló sus botes con todos sus marineros armados, y le prestó auxilio, logrando contener a los sublevados que había a bordo, menos cuarenta y tantos que habían desembarcado. Contenida la sublevación y reducidos a prisión en la bodega los sublevados, el Capitán del Romeo hizo rumbo a Guayaquil, donde el Libertador mandó fusilar inmediatamente a veintiuno de los cabecillas.

Pero faltaba castigar a los que desembarcaron en Tumaco, y el Libertador dispuso que el Coronel Lucas Carvajal, con el escuadrón Granaderos y dos compañías del batallón Yaguachi, embarcándose en la goleta de guerra Guayaquileña, siguiese a la costa en su persecución, encargándome a mí del detalle de esa columna. En nuestra excursión tocamos en Atacames, Esmeraldas, Iscuandé y Tumaco, capturando hasta cuarenta y tres, a quienes se castigó con la pena de muerte.[71]

No acabaron aquí las tropelías de general insurrecto. Cuando tres soldados republicanos fueron muertos por la

[71] López, Manuel Antonio. Op. Cit. Págs. 99-100.

guerrilla de Agualongo, Salom eligió a 14 dignatarios de Pasto a los que amarró espalda contra espalda y los arrojó al río Guáitara.

Cuando llegué ya había regresado para Quito el general Sucre dejando el mando al general Bartolomé Salom, quien en medio de estos desordenes había publicado un indulto, en virtud del cual se había presentado un número considerable de los que habían quedado vivos, y Agualongo permanecía escondido. Aprovechando esta circunstancia el general insidiosamente convocó al vecindario para un día a jurar la Constitución: los pastusos concurrieron, prestaban el juramento uno por uno, y en el mismo orden iban entrando en el interior de la casa en donde se les iba amarrando por tropa prevenida al efecto, y eran remitidos a los cuarteles para ser llevados al ejército del Sur. Una burla semejante era capaz de despechar al pueblo más humilde.[72]

Pero las desgracias para los pastusos no terminarían fácilmente. Salom tuvo que regresar a Quito dejando como gobernador militar de la ciudad al coronel Juan José Flores que se conduciría tan ignominiosamente como su predecesor.

...fue nombrado Gobernador de la provincia el coronel graduado Juan José Flores quien debía poner en ejecución el famoso decreto del Libertador, por el cual fueron confiscadas todas las propiedades pastusas con sólo las excepciones que convenían a los intereses de Flores, como la de los bienes de Nicolás Chávez uno de los cabecillas más audaces de la revolución.

El citado decreto era una espada de dos filos que consistían en que todos los que al tiempo de la revolución de Pasto no habían emigrado, perdían sus propiedades; y los que hubiesen emigrado dejándolas en poder de los revoltosos las perdían también.

...El Gobernador Flores, este mismo Flores Presidente de por vida en la República de Ecuador, se consagró con toda su alma a la ejecución de aquel peregrino decreto, y ninguna ley fue mejor cumplida y ejecutada por él. Nombró asesor suyo al doctor Antonio Carvajal, su futuro compadre; formó su comisión

---

[72] Obando, José María. Op. Cit. Pág. 27.

secuestraria presidida y dirigida por su asesor; levantó el machete de Alejandro, y con la impavidez más grande, de un golpe dejó a muchas familias inocentes con el cielo por techo y sin un pan que comer.[73]

Evidentemente todos estos robos, requisas de propiedades y fincas, iban a los bolsillos de Flores y de sus adláteres. Además, servían para su enriquecimiento personal, justificando la expropiación como pago de sus haberes militares que legalizaba el propio Simón Bolívar para recompensar a sus leales.

No fueron éstas las únicas iniquidades cometidas por Flores. Si alguna aldea se negaba al pago de los tributos o no se plegaban a sus exigencias, Flores no tenía empacho en arrasar la población para dar ejemplo a futuros discrepantes de sus medidas sancionadas por el libertador.

Estos fueron los primeros ensayos de Flores, en esta escuela aprendió a mandar pueblos y a "hacerlos felices", y como las vejaciones, las violencias, la devastación y la muerte no era bastante aprendizaje para afinar el tacto político del que estaba previsto por el destino para hacer un gran papel en el desventurado Ecuador, fue preciso recurrir también a los incendios para ilustrar más aquella celebridad política, militar y literaria. Mandó un día al teniente coronel Francisco Estevan Luque a castigar las poblaciones de Chimbatangua, Tangua y Siquitan, que fueron convertidas en cenizas al mismo tiempo que sus habitantes indefensos sufrían tormentos inauditos. Un vecino de estos pueblos apuró ese día toda la amargura que puede ofrecerse a un esposo y padre de familia: amarrado de espaldas en uno de los pilares de su propia casa, debía presenciar antes de morir la violencia hecha a su esposa e hijas consignadas al efecto a los soldados, de cuyas manos debían recibir la muerte en seguida, practicado todo bajo la dirección de Luque y a los ojos de ese infeliz padre y esposo, fue encerrada en su casa la mártir familia, con dos chiquillos más, y pegado juego al edificio fueron quemados todos vivos.

---

[73] Obando, José María. Op. Cit. Pág. 28.

Como con esto no se hacía más que cumplir con el deber de "castigar a un pueblo rebelde", según el idioma de aquel tiempo, se daba parte de estas atrocidades como de un tiroteo…[74]

Los guerrilleros fugados de las matanzas "patriotas" se organizaron el mes siguiente de la Navidad Negra y de forma unánime eligieron al coronel Agustín Agualongo para la dirección suprema de las operaciones militares y a Merchancano para que asumiera las responsabilidades del gobierno civil.

Por unanimidad fue elegido como jefe militar de la partida el ya coronel de las milicias del rey, don Agustín Agualongo. Su valor temerario, su actividad prodigiosa, su capacidad de mando, sus dotes de hombre tenaz, abnegado y fuerte, lo indicaban para el cargo. Ninguno de los demás podía presentar una hoja de servicios más limpia de faltas y más honrosa que él, que desde 1811 no había soltado las armas de las manos y que de soldado voluntario, por propios méritos, había alcanzado uno de los títulos más altos en el escalafón del Ejército Real y eso contando con que los jefes españoles que lo habían tenido a sus órdenes eran parcos en los ascensos y antes los regateaban con evidente justicia. Para el gobierno civil se eligió, también por unánime consenso, a don Estanislao Merchancano, letrado más que militar, a quien no se le podía enrostrar sino haber consentido en la capitulación de García, aunque con la excusa de haber firmado por fuerza mayor.[75]

Entre aquellos hombres que sellaron su destino al de Agualongo figuraban otros cuyos nombres merecen ser recordados por la lealtad que mantuvieron a España. Hombres en su mayoría de origen humilde, pues los de noble alcurnia ya estaban cansados de luchar y de tanto sacrificio y aunque seguían siendo leales al rey, preferían confiar en el esfuerzo que pudiera hacer la metrópoli para liberarlos del yugo republicano.

---

[74] Obando, José María. Op. Cit. Pág. 29.
[75] Elías Ortiz, Sergio. Op. Cit. Págs. 339-340.

Enríquez, Polo, Calzón, el indio Canchala, cacique de Catambuco, Jerónimo Toro, de la temible legión Patiana, el negro Francisco Angulo, el capitán Ramón Astoruiza, de notable familia pastusa, y otros personajes de las mismas convicciones y de igual reciedumbre, se dispersaron rumbo a sus destinos respectivos. Sus instrucciones no eran otras que levantar partidas, armarlas hasta donde fuera posible, prender fuego en sus sentimientos, adiestrarlas para la guerra y cumplir las órdenes que oportunamente recibirían por conductos reservados. Cualquiera que fuera su suerte, ninguno de aquellos hombres faltaría a su palabra; al empeñarla, empeñaban también su vida y todos se mantuvieron invulnerables hasta el fin.[76]

A ellos se unirán los más pobres, campesinos y pequeños artesanos, indios, mulatos y negros, gente sencilla que creían defender una causa justa. Como recuerda el historiador Montezuma Hurtado, apellidos como "Jojoas, Pachajoas, Matabanchoyes, Naspiranes, Montánchez, Capies, Pascuazas, Pasuyes, Naspuciles, etc. representativos de las tribus y agrupaciones étnicas diseminadas en las vastas comarcas" engrosarán las filas guerrilleras y levantarán junto a Agualongo el estandarte de Fernando VII. Hombres fieles a unos principios y a unas creencias por las que estaban dispuestos a morir si fuera necesario: su amor y lealtad a España, a su rey y a la religión católica, y por ello son dignos de admiración y de todo respeto.

Sobre los pastusos se desató la furia republicana con una severidad que sobrepasa las crueldades cometidas durante esa penosa lucha por la libertad. Culpa de ello fueron, la tremenda importancia de su situación estratégica y el valor sobrehumano de sus habitantes, educados entonces en el amor de España y de su clero. Nuestros próceres los tildaron de traidores, canallas y perversos, infames, además de pretender su destrucción. O'Leary, como narrador muy cercano, también se hizo eco, utilizando esos adjetivos. Pero nunca, jamás, nadie

---

[76] Montezuma Hurtado, Alberto. Op. Cit. Pág. 97.

los tildó de cobardes. Su valor quedó consagrado en la historia, no obstante la causa que defendieron con fidelidad conmovedora, ni el peligro a que sometieron a la libertad de América.[77]

El 12 de junio de 1823 tuvo lugar el primer enfrentamiento de importancia entre las tropas de Agualongo y los republicanos de Flores. Con poco más de 1000 efectivos de los que sólo 200 iban armados con mosquetes y escasa munición y el resto con palos y estacas, el caudillo realista se presentó en Catambuco a unos cinco kilómetros de Pasto. Flores confiado en su superioridad numérica y en la creencia de que el enemigo en tales condiciones no se avendría a pelear, envía a su caballería comandada por el teniente coronel Jiménez a que dispersara al enemigo y arrestase a sus principales oficiales. Flores esperaba tranquilo el final de los realistas que en pocos minutos debían ser derrotados. Y efectivamente en pocos minutos fueron derrotados, pero no los realistas, sino la orgullosa caballería de Jiménez que regresaba huyendo con su jefe herido. Flores huyó también despavorido y en su carrera se cruzó con el teniente coronel José María Obando al que ordenó (según palabras del propio Obando) tocar trote porque el enemigo retrocedía derrotado. Pero con quien Obando se topó fue con Jiménez y los restos de su caballería perseguidos por los pastusos de Agualongo que había gritado a sus hombres: "¡Un palo al jinete y otro al caballo y el chuzo al estómago!" Con cincuenta infantes, el teniente coronel trató de enfrentarse a los realistas, hizo una primera descarga pero no pudo detener el avance de las milicias del jefe guerrillero.

Los realistas apenas tenían fusiles pero su valor les empujó a lanzarse armados con palos sobre los mosquetes enemigos que, una vez disparados, no tuvieron tiempo de

---

[77] Ruiz Rivas, Guillermo. Bolívar, más allá del mito. Pág. 648. Editorial Librería Piñango. Badalona. España. 1982.

volver a cargar y son masacrados a estacazos. La compañía desapareció entre muertos y prisioneros. Obando perdió su caballo y pie a tierra con sólo dos soldados, se abrió paso a sablazos y bayonetazos entre los feroces enemigos y huyó detrás de Flores que le había abandonado en medio de la refriega.

A Obando y a Flores siempre se les echará en cara que fueron derrotados "a palos" por un puñado de campesinos ignorantes. Alrededor de 200 muertos y 300 prisioneros perdieron los "patriotas" además de todo el armamento y munición que abandonaron en la desbandada.

El susto de don Juan Jose Flores es grande, ya que se trata de una presencia odiosa y además, inesperada, pero sin vacilación decide salir al encuentro del enemigo y destruirlo en su propio terreno, decisión que está en absoluta armonía con su concepto de la jefatura y con su vasta carrera militar. Por lo que a él y a su causa respecta, Agualongo está resuelto a todo y naturalmente a morir, pero no muere sino que se adjudica la victoria con armas extraídas de la naturaleza, de los montes que siempre lo ampararon, armas que no son más que garrotes de guayacán o de ramas de eucalipto, y "chaclas" duras aguzadas en punta de lanza; los pocos fusiles con los que cuentan sirven más para hacer ruido que para disparos certeros; sólo él y sus coroneles y capitanes manejan sables y no pierden tajo ni mandoble. Es el caso de decir que su arrojo y el de sus milicias suplen la pobreza de sus armas. La verdad es que en poco más de dos horas de encarnizada pelotera y de dolor en las espaldas apaleadas y en las costillas rotas, el desánimo cunde en las tropas de Flórez. Midiendo la evidencia del descalabro, el antiguo subalterno del general José Antonio Páez, resuelve tomar las de Villadiego y no se detiene en la ciudad ni para efectuar diligencias elementales como la compra de pan, queso y panela. Acompañado de 19 oficiales y soldados —refiere un moralista- salvó en un decir Jesús los 300 kilómetros que separan a Pasto de Popayán.[78]

---

[78] Montezuma Hurtado, Alberto. Op. Cit. Pág. 113.

La conocida como "derrota a palos" del antiguo oficial realista pasado a los insurrectos en 1822 (momento a partir del cual se convertirá en un cruel y asesino sanguinario de sus antiguos camaradas y compañeros de armas), Juan José Flores, fue tan humillante que en carta al Secretario de Guerra y Marina del autoproclamado gobierno de la república tratará de justificarla, tergiversando los hechos y mintiendo sobre los sucedido, escondiendo además su vergonzosa escapada de los combates donde deja solo a Obando. La misiva está llena de faltas de ortografía que han sido corregidas para su transcripción:

"El oficio de V.S. Sin fecha que acabo de recibir es para mí el documento más desgraciado de mi vida porque en él manifiesta que el gobierno ha creído que los facciosos de Pasto me han hecho huir indignamente y V.S. puede asegurar a S.E. el vicepresidente, que mi División aunque de 900 hombres se componía de 200 reclutas que no sabían ni disparar un fusil, de 200 ciudadanos de Pasto y de los Pastos que no debían merecer mi confianza hasta aquella época, y de 500 veteranos, los únicos que yo podía disponer en todas circunstancias. Que los facciosos no fueron 600 como dije sino 800 armados de fusiles, lanzas, sables y garrotes y con las municiones necesarias para decidir un combate. Que yo sólo contaba con 400 fusiles útiles, porque ciento eran inservibles. Que una división compuesta en su mayoría de reclutas y enemigos que acababan de ser enrolados en nuestras filas no estaba en el caso de emprender una retirada hacia Popayán y menos de decidir un combate de un modo positivo con 800 enemigos que siempre han hecho frente a fuerzas superiores. Que sin embargo, antes de estar en el caso de capitular o de batirme por las razones que llevo expuestas nunca jamás pensé en lo primero porque soy incapaz de una bajeza[79] y porque siempre recuerdo que con cien rifles envolví

---

[79] Para hacernos una idea del carácter de este al personaje, hemos de saber que traicionó a España pasándose a los rebeldes. Se alió con los partidarios de Bolívar en contra de quienes defendían una Constitución democrática. Fue el responsable de la partición de Colombia en dos estados y posteriormente pretendió instaurar una monarquía en América por lo que entró en tratos con la reina María Cristina de España para que el duque de Riansares ocupara el llamado trono de los Andes.

muchas veces a más de 400 pasteños y españoles en un combate incesante de dos días.

Acompaño a V.S. un manifiesto de mi conducta y operaciones en la provincia de mi mando para que V.S. se sirva ponerlo en conocimiento de S.E. el vicepresidente, asegurándole que me reservo de hacerlo conocer del norte de las actuales circunstancias, pues tan sólo el ejemplar que dirijo a V.S. es el único que he dado a luz."[80]

Obando, que ha sufrido la inutilidad y cobardía de Flores, narra lo acontecido de manera muy diferente

"...como Flores se había interpuesto a detener la marcha del resto del batallón, yo creía que fuera para hacer abrir fuego a derecha o izquierda: no lo hizo, dejándome empeñado con sólo 50 hombres, y sin embargo fue rechazado el enemigo por el frente, pero descendía por mi izquierda y entrando en el espacio que había entre Flores y yo, derrotó a aquél, quedando yo cortado. Desde este instante fueron vanos mis esfuerzos, la compañía desapareció entre muertos y prisioneros, me había muerto también el caballo, y pie a tierra con sólo dos soldados, pude salir abriéndome paso a estocadas y bayonetazos por en medio de los vencedores, hasta que pude alcanzar a los dispersos.

Flores recordará otros detalles que omito porque lo dicho basta para dar en el rostro a mis detractores con la mentira de que yo fui derrotado a palos. Es verdad que los enemigos no tenían más que los fusiles y pocos cartuchos que he referido (200 fusiles, muy poca munición y el resto de palos), pero es verdad también que yo no mandaba sino que obedecía, y que esos cartuchos se quemaron sobre mi cabeza y sobre la de Jiménez, reservándose los palos para el que mandaba en jefe. Otro jefe cualquiera lo habría hecho mejor que Flores. Escapamos del desastre como 20 hombres que reunidos logramos llegar a Popayán, en donde nos ocupamos en organizar alguna fuerza."[81]

Y por supuesto, el historiador José Manuel Restrepo, furibundo republicano y que se caracterizaba por su odio hacia todo lo español, ofrece su particular y ficticia visión carente de

[80] Montezuma Hurtado, Alberto. Op. Cit. Págs. 119-121.
[81] Obando, José María. Op. Cit. Págs. 30-31.

todo atisbo de verdad. Aunque al final se tiene que rendir a la evidencia y defina la derrota como "vergonzosa por haberla causado indios." Así define a Agualongo, como un indio ignorante (ya hemos visto que no es cierto), a quien por sus servicios hicieron coronel de milicias los españoles, pero añade que su talento, valor y actividad eran nada comunes.

Apenas las tropas republicanas habían ocupado la capital, cuando aparecieron (12 de junio) Agualongo y sus gavillas, que bajaban por el camino de Yacuanquer, tomando sus estancias en Catambuco. Flórez no dudó un momento en atacarlos, aunque eran superiores en número, pues llegaban a ochocientos hombres, la mayor parte indios, mas sólo tenían doscientos fusiles, el resto iba armado con sables, machetes, lanzas y fuertes garrotes. Flórez tenía seiscientos hombres bien armados y municionados, casi todos reclutas.

Trabose el combate en un terreno donde podía obrar la infantería, aunque no bien la caballería. Ésta cargó con el mayor denuedo, y lo mismo hizo el comandante José María Obando, quien rechazó a los facciosos, cuya retaguardia estaba ya rota por el comandante Jiménez. Parecía el triunfo seguro, cuando el teniente de Guías, Matute, mandó volver caras a éstos, sin saberlo su comandante. Los caballos se mezclaron con la infantería y se introdujo el desorden. Los facciosos cargan entonces con su acostumbrado valor e impetuosidad, y con las armas blancas aterran a nuestros soldados. Flórez y los demás jefes hicieron grandes esfuerzos para restablecer la pelea en el callejón o colina de Santiago, empero no lo consiguieron. La derrota fue completa y vergonzosa por haberla causado indios, armados con garrotes, machetes y lanzas. Tuvimos ciento cincuenta muertos y quedaron trescientos prisioneros, perdiendo más de quinientos fusiles y cuanto la república tenía en Pasto. Flórez, Obando, Luque, Jiménez y otros oficiales pudieron escapar a Popayán.

Los facciosos ocuparon a Pasto entregándose a los desórdenes[82] que son consiguientes para hombres sin disciplina.[83]

---

[82] Es evidente que los pastusos no cometieron ningún desorden en su propia ciudad en la que vivían sus familias.

[83] Restrepo, José Manuel. Historia de la revolución de la república de Colombia. Tomo Tercero. Págs. 354-355. Imprenta de José Jacquin. Paris. 1858.

Pero al contrario de lo que comenta Restrepo, Agualongo y sus tropas entraron en Pasto donde fueron recibidos con júbilo por sus habitantes. Se les agasajó con bebidas y alimentos y se ofició un Te Deum como agradecimiento. Merchancano escribió una proclama que firmaron él y Agualongo y que fue leída en todas las plazas y rincones de la ciudad. En ella se referían al intruso y tirano Bolívar que había subyugado a la ciudad, a la francmasonería y a la irreligión y hacían un llamamiento a los fieles pastusos a defender la religión, el rey y la patria.

"¡Desapareció pues de nuestra vista el llanto y el dolor! Sí, vosotros habéis visto y palpado con alto dolor y amargura de vuestro corazón, la desolación de vuestro pueblo, habéis sufrido el más duro yugo del más tirano de los intrusos, Bolívar. La espada desoladora ha rodeado vuestros cuellos, la ferocidad y el furor han desolado vuestros campos, y, lo que es peor, el francmasonismo y la irreligión iban sembrando cizaña. ¡Oh dolor! Testigo es el templo de San Francisco en donde se cometieron las mayores abominaciones indignas de nombrarse; pero si acaso ignoráis, sabed que lo menos que se cometía en el santuario era estar los más irreligiosos, e impíos con las más inmundas mujeres. Habéis visto digo, con el más vivo sentimiento, atropellado el sacerdocio, profanados los altares, y destruidos con el fraude y el engaño, todos los sentimientos de humanidad, pero entonces es cuando el cielo aparta de nuestra campiña nuestros más crueles enemigos. Ahora es tiempo, fieles pastusos, que uniendo nuestros corazones llenos de un valor invicto, defendamos acordes la religión, el rey y la patria, pues si no sigue en aumento nuestro furor santo en defender los más sagrados derechos, nos veremos por segunda vez en manos de los tiranos enemigos de la iglesia y de la humanidad. Ved aquí que os trasunto las órdenes que dio Salom por una carta que se cogió y es como sigue:

1º. Publíquese un bando de expatriación, con pérdida de todos los bienes al que se manifestare sordo a las disposiciones del gobierno.

2º. Este mismo artículo con pérdida de la vida al que se descubriese que coadyuva o se hace con los facciosos de Pasto directa o indirectamente.

3°. Enviarme a Quito todos aquellos sospechosos, en donde permanecerán todo el tiempo necesario.

4°. No tener indulto con ninguno de los facciosos, y finalmente todo el mundo muere, y a las mujeres que se encuentren remitidas con seguridad, para enviarlas a poblar el camino de Esmeraldas.

En vista de esto, ¿qué esperáis fieles pastusos? Armaos de una santa intrepidez para defender nuestra santa causa, y consolaos con que el cielo será de nuestra parte, los soldados antes adictos al bárbaro y maldito sistema de Colombia, se hallan dispuestos a defender en vuestra compañía los derechos del rey con vigor y el más vivo entusiasmo. Así crezca en nosotros el valor, la fuerza y la intrepidez a la defensa, para que de esta suerte, venciendo siempre a los enemigos de nuestra religión y quietud, vivamos felices en nuestro suelo bajo la benigna dominación del más piadoso y religioso rey don Fernando VII.''[84]

La desolación recorrió las calles de Quito cuando cinco días después del descalabro, la noticia de la "derrota a palos" de Flores en Pasto alcanzó la ciudad traída por "el mayor de artillería Pachano, que sería el único que pudo huir hacia el sur en medio de la desbandada de Calambuco."[85] Incluso corrió el rumor de que un ejército realista avanzaba hacia la capital. Bolívar tuvo que suspender el envío de tropas al Perú para hacer frente a la revuelta pastusa dirigida por Agualongo. Cuando Bolívar llegó a Quito a finales del mes de Junio, se dirigió a los abatidos habitantes con un edicto que proclamaba: "Quiteños, la infame Pasto ha vuelto a levantar su odiosa cabeza de sedición, pero esta cabeza quedará cortada para siempre". Sus pretensiones eran ilusionarlos en la nueva campaña que iba a tener lugar. En seguida dictó órdenes a sus subordinados para la preparación de la infantería, caballería y artillería, de los zapadores y de las municiones y los víveres e

---

[84] Gangotena y Jijón, Cristóbal. Documentos Referentes a la Batalla de Ibarra con la narración Histórica de la Campaña de Pasto. Pág. 6. Talleres tipográficos nacionales. Quito. 1923.

[85] Boletín de historia y antigüedades. Números 832-833. Pág. 86. Imprenta Nacional. Colombia. 2006.

informó al intendente del Cauca de que se trasladase de Popayán hacia el Juanambú con las tropas de que dispusiera para presionar a los rebeldes por ambas partes. El 3 de julio el Libertador escribió una carta al general Santander en la que le explicó cómo había que conducirse con los rebeldes de Pasto:

"Imagínese usted el conflicto en que yo estaré, habiéndose levantado los pastusos el 12 de junio, y habiendo entrado Canterac en Lima en 19 del mismo mes. Los pastusos derrotaron 600 hombres nuestros que tenía Flores en su país, y nos tomaron las armas y las municiones, etc., según todas las noticias que hay; ellos tenían antes 200 fusiles y más de 600 hombres; quiere decir que estos determinados malvados pueden invadir la provincia de Quito, y tomarla si yo mismo no me les opongo con dos pequeños escuadrones y los pocos veteranos que nos quedan de Yaguachi y Vargas. Por supuesto que he traído 1.700 fusiles de Guayaquil con 300 veteranos, y se están levantando todas las milicias del país para quitarles la provincia de Los Pastos, y después pasar al Guáitara, que es lo más difícil de todo, con gente de Bochalema. Llevaré cuatro piezas de cañón, zapadores y un buen oficial de ingenieros que hay aquí, para observar las reglas de la guerra con más exactitud que nunca, porque las circunstancias lo demandan así, pues si tenemos un revés se unen los pastusos con los enemigos del Perú, y llegan hasta Popayán, sin contar para nada Morales y sus tropas, que de ese caballero nada sé.

He tomado cuantas medidas ha dictado el caso y espero que será con fruto. El pueblo de este Departamento ha mostrado mucho patriotismo; principalmente los ricos se han mostrado dignos colombianos; así espero que lograremos destruir a Pasto. Ahora vamos a otra cosa. (...)

El Perú tiene 15.000 hombres nuestros, (...) El pueblo, el Congreso y el ejército, todos me claman, pero yo no puedo ir porque no tengo permiso del Congreso de Colombia, y porque estos malditos pastusos nos quieren quemar la casa. Más, imagínese Vd. mi perplejidad viéndome distraído por 600 bárbaros cuando 15.000 soldados me llaman a los más gloriosos triunfos. (...)

¡Qué bonitos estamos! El Sur invadido; el Norte cortado: sin veteranos, sin comunicaciones para recibir de allá las noticias políticas militares, y sin que Vd. pueda recibir esta inmensa noticia para que tome sus medidas y el Congreso sus resoluciones. Pocas veces he estado en situación más interesante y rara: no la llamo crítica porque la palabra es común, ni peligrosa porque también puede tener sus grandes ventajas. Mi corazón fluctúa entre la esperanza y el cuidado: montado sobre las faldas del Pichincha, dilato mi vista desde las bocas del Orinoco hasta las cimas del Potosí, este inmenso campo de guerra y de política ocupa fuertemente mi atención y me llama también imperiosamente cada uno de sus extremos, y quisiera, como Dios, estar en todos ellos. ¡Lo peor es que no estoy en ninguna parte, pues ocuparme de los pastusos es estar fuera de la esfera de la gloria y fuera del campo de batalla! ¡Qué consideración tan amarga! Solamente mi patriotismo me la hiciera soportar sin romper las miserables trabas que me detienen."[86]

A la vez que todo esto ocurría, Agualongo preparaba su ejército en Pasto. No tuvo dificultad para reclutar entusiastas voluntarios que formaran una tropa disciplinada y de cierta formación militar. No contaba con armamento suficiente aunque la requisa realizada al enemigo había aliviado sus necesidades. Se sentía fuerte y decidió abandonar sus tácticas guerrilleras para encaminarse hacia Quito al encuentro de Bolívar. El 20 de junio de 1823 se dirigió a la corporación de Otavalo explicándole cómo había sido la lucha en Calambuco y anunciándole su propósito de salir al encuentro del enemigo para exterminarlo allí donde se halle. El escrito es una clara demostración de sus profundas convicciones realistas y de la creencia en la legitimidad de la causa que defiende.

A los señores del muy ilustre colegio de Otavalo:

El día 12 del corriente se sacudió esta fidelísima ciudad del formidable yugo opresor del intruso gobierno de Colombia, pues sucumbió al frente de dos mil quinientos valerosos combatientes del ejército del rey nuestro señor don Fernando VII, que Dios guarde, cuyos infrascritos comandantes tenemos la satisfacción de comunicarlo a usía asegurándoles que en la gloriosa y memorable acción, fue enteramente arrollado el enemigo, habiéndole muerto en la campaña

[86] Santander, Francisco de Paula. Cartas Santander-Bolívar 1823-1825. Págs. 84-85. Tomo IV. Biblioteca de la Presidencia de la República. Bogotá. 1988.

más de trecientos hombres, y héchole prisioneros igual número, tomándoles las armas, pertrechos y más utensilios de guerra y cada día se nos están presentando por nuestras partidas militares los fugitivos que se dispersaron por los montes. Fuera de la acción de guerra, a ninguno de ellos se le ha hecho, ni se le hará menor hostilidad, pues antes sí a todos les mantenemos con toda la consideración y humanidad que nos es característica, porque todo nuestro objeto, sólo se ha dirigido a recobrar los sagrados derecho de ambas majestades, sin inferir a persona alguna los notorios males desastrosos que causó Colombia a este fiel vecindario con sus continuos latrocinios, homicidios, y monstruosas violencias, incendios de muchas casas, de haciendas, y de tres pueblos enteros, y otras más iniquidades propias de semejante gobierno bárbaro, sin fe, ni religión cristiana, porque no perdona ni respeta los santuarios ni a los ministros del altar, sino que a éstos los persigue acérrimamente como lo hemos tocado con la experiencia en esta jurisdicción, que tuvo la desgracia de experimentar con el mayor dolor fugitivos a unos, y presos a otros, hasta que a uno dio muerte violenta, sin preceder las formalidades previstas por nuestras reales leyes para tales casos.

Por tanto, hallándonos poseídos de los sentimientos de la santa religión que profesamos, hemos resuelto marchar con nuestro fiel y valiente ejército, a exterminar el del enemigo en cualquier parte que le hallemos, a cuyo efecto luego nos tendrá usía ilustrísimo en el distrito de su mando, y le requerimos amistosamente, a nombre del rey nuestro señor que reunamos nuestras voluntades y fuerzas para así conseguir más pronto, y a menos costo el buen éxito a que aspiramos, en la inteligencia y seguro concepto que si difiere a nuestra solicitud le juramos bajo nuestra palabra de honor, que usía ilustrísimo y todo ese vecindario tendrá toda nuestra protección y amparo, y serán tratados con la debida amistad y fraternidad, sin que de nuestra parte experimente la menor opresión ni hostilidad en sus personas, ni bienes, pues sólo se les tomara a prorrata, con respecto a la posibilidad de cada individuo, algunos víveres que son indispensables para el alimento del ejército, sucediendo lo mismo con aquellas tropas cuando vengan en nuestro auxilio, más si usía ilustrísimo prescinde de nuestra amistad, y legítima propuesta, será responsable a Dios y al rey de los males que por su negativa reciba, a pesar nuestro, ese territorio, y esperamos para nuestro gobierno tenga usía ilustrísimo la bondad de darnos la contestación que estime con la prontitud que exige el caso.[87]

Dios guarde a usía muy ilustre.

Pasto, junio 20 de 1823.

Estanislao Merchancano – Agustín Agualongo.

Entre las aclamaciones y vítores de los pueblos y caseríos por donde pasaban, los defensores de la causa de España se movían bajo el mando de Agualongo. De los 1500 soldados con que contaba, sólo la mitad estaban armados con mosquetes. En el Puntal, el 12 de julio, se topó con la avanzadilla (500 jinetes) del general Salom que siguiendo las órdenes del Bolívar se retiró (algunos historiadores afirman que se retiró por miedo a enfrentarse al caudillo realista) y no ofreció resistencia.

Agualongo, indio sagaz y de singular bravura, fue el autor y caudillo de esta revuelta. Sabedor, por medio de sus espías, pues casi todos los indígenas eran partidarios suyos, del estado indefenso en que había quedado la ciudad de Quito, aumentó su fuerza y le dio alguna organización, marchando contra la capital. Al tener noticia Salom de la suerte que había cabido a Flores, se apresuró a contener el avance de los rebeldes con las pocas tropas que había en la ciudad, y despachó un correo, dando cuenta al Libertador de lo ocurrido. La situación en que la falta de tropas ponía aquella parte del país, podía haber alarmado a otro menos acostumbrado a luchar con las dificultades; pero Bolívar no gastó mucho tiempo en reflexionar y en decidirse. Ordenó luego al punto que marchasen a Quito todos los convalecientes que hubiese en los hospitales, y él mismo voló hacia aquella ciudad y llamó las milicias al servicio. Salom, que se había adelantado hasta el Puntal, hubo de retirarse ante las fuerzas superiores de Agualongo, dejándole franco el camino a Ibarra, que fue en el acto ocupada por él.[88]

---

[87] Gangotena y Jijón, Cristóbal. Op. Cit. Pág. 5.

[88] O'Leary, Daniel. Memorias del general O'Leary. Tomo II. Pág. 202. Sociedad Española de Librería. Madrid.1883.

Ello animó a los realistas que seguían con su paseo triunfal hasta la villa de San Miguel de Ibarra a medio camino entre Quito y San Juan de Pasto. El plan del Libertador estaba funcionando. Quería atraer a Agualongo a campo abierto donde la caballería podía destrozarlo.

Cuando el Libertador se prepara en Guayaquil para seguir al Perú, luego que recibiese el permiso del Congreso, llegó la noticia de la completa derrota que sufrió en Pasto el coronel Juan José Flores el 12 de junio de 1823. Perdió la columna que mandaba, fuerte de 600 infantes y 50 jinetes de guías. El coronel Flores y los tenientes coroneles Luque, Obando y Jiménez con pocos oficiales y soldados fueron los únicos que se salvaron, huyendo a Popayán, en donde se organizó una columna para atacar a los enemigos, creyendo que marcharían en persecución de los vencidos, pero los realistas, sabiendo que toda la fuerza organizada en el Ecuador había seguido para el Perú y estaba en marcha para Guayaquil con el mismo objeto, armados con fusiles tomados a flores y Obando, siguieron rápidamente sobre Ibarra, y con los realistas que se les reunieron en Túquerres e Ipiales elevaron su fuerza a más de 1200 infantes, don Estanislao Merchancano fue reconocido como Gobernador a nombre de Fernando VII, y el coronel Agustín Agualongo, Comandante General.[89]

---

[89] Cipriano de Mosquera, Tomás. Op. Cit. Pág. 446.

Capítulo 9
LA BATALLA DE IBARRA

S iete meses después de los brutales sucesos de la "Navidad Negra" de 1822, el 17 de julio del siguiente año, tuvo lugar la batalla de Ibarra, donde la quimera de los pastusos pretendía tomar venganza del salvaje episodio consumado por el ejército patriota al mando de Antonio José de Sucre. Pero desgraciadamente para los de Pasto, este enfrentamiento significó otra catástrofe ya que 800 cuerpos quedaron tendidos en el campo de batalla, en un combate que fue conducido por el mismo Bolívar, después haberse pasado toda la noche bebiendo vino para calmar sus nervios. La mortandad de las fuerzas realistas fue pavorosa, a lo que hay que sumar la inquina de los "patriotas" que mutilaron y despedazaron los cadáveres. La lucha fue cruenta y no se dio cuartel a los rendidos pues con encono despiadado se remató a los heridos realistas y se fusiló sin clemencia a los prisioneros.

El 20 de junio de 1823, Bolívar se encontraba en la hacienda de El Garzal, capital de la provincia de los Ríos, cuando le llegó la fatal noticia de que la ciudad de San Juan de Pasto, gobernada por el Coronel Juan José Flores, había sido tomada ocho días antes por los realistas, a quienes dirigía el indio Agustín Agualongo. En la refriega murieron 300 soldados (de una guarnición de 500 infantes y 70 jinetes) y 200 estaban prisioneros.

El Coronel Flores con 70 hombres huyó a Popayán. Bolívar inmediatamente suspendió sus planes de enviar tropas al Perú y comenzó los preparativos para desbaratar los intentos de las fuerzas de Pasto de tomar Quito y apoyar a los realistas del Perú.

El 27 de junio Bolívar se presentó en Quito y al día siguiente se dirigió a los ciudadanos en los siguientes términos:

Simón Bolívar.
Libertador Presidente de Colombia.
¡Quiteños!

La infame Pasto ha vuelto a levantar su odiosa cabeza de sedición, pero esta cabeza quedará cortada para siempre. El ejército de Colombia no ha desaparecido del todo de vuestro hermoso país. Muchos de nuestros batallones han ido ciertamente a dar la libertad al Perú, más ignoran los pérfidos pastusos que aún quedan a Colombia, en el Sur, dos batallones y cuatro escuadrones de la invencible Guardia. Estos bravos dirigen sus pasos en este momento sobre los torrentes del Guáitara y Juanambú, que tantas veces han sido salvados por nuestros valientes. Esta vez será la última de la vida de Pasto: desaparecerá del catálogo de los pueblos, si sus viles moradores no rinden sus armas a Colombia, antes de disparar un tiro.

¡Quiteños! He visto vuestra magnánima consagración a la causa de Colombia. A pesar de vuestro antiguo y acendrado patriotismo mi corazón se ha pasmado al contemplar tanto desprendimiento de vuestra parte. Todos habéis corrido a las armas sin la necesidad siquiera de tamaño esfuerzo. Un puñado de bárbaros son nuestros enemigos, y para vencerlos basta tender las banderas de Colombia a su turbada vista.

¡Quiteños! Recibid a nombre de la patria la gratitud que se os debe, por vuestro inflamado celo por la conservación de la sacrosanta ley que ha fundado a Colombia. Vosotros habéis olvidado vuestro rango, vuestro reposo, vuestra dicha, y aún vuestra vida, por volar a las armas. Vuestros próceres han dado un ejemplo inimitable. Vuestros antiguos nobles fueron los primeros a entrar en las filas. El más rico ciudadano de Colombia, anciano y enfermo ha tomado un fusil, y ha recibido la disciplina de un simple soldado. Como el antiguo Marqués de San José, todos habéis llenado este sublime deber.

¡Quiteños! Reposad tranquilos: Héroes de Colombia están entre vosotros, y su valor ningún poder visible puede resistir. Yo os ofrezco por mis compañeros de armas esta próxima victoria.

Cuartel general del Libertador en Quito, a 28 de junio de 1823.

Bolívar.[90]

Mientras el líder republicano organizaba y preparaba sus tropas durante varios días, los pastusos avanzaban hacia Quito. El día antes de su partida de la ciudad, el 5 de julio, Bolívar escribió a Santander una segunda carta (la anterior era del 3 de julio)[91] en la que le comentaba:

No tengo tiempo para hablar a Vd. de las cosas de Lima ni de los pastusos, porque no estoy para comentarios, sino para acometer. Mañana me voy a encontrar a los pastusos, que tienen tanto orgullo como la guardia imperial. Por la Secretaría y por el estado mayor, verá Vd. en globo, todo lo que hay. No faltan contradicciones entre los datos y las relaciones. Todo está como en el caos. El Callao imagíneselo Vd., Sucre loco, como él dice y este Quito es otro Callao, y yo otro Sucre, porque aquí aunque no hay confusión, hay un silencio de muerte, que me tiene medio aturdido. La verdad es, en compendio, que los godos en una y otra parte han dado un falso paso (se caen); nosotros tenemos actualmente peligro, pero también esperanzas. Esto es lo que se llama una catástrofe trágica, en que el desenlace lo decide el destino. Mucho está por nosotros, pero la fortuna favorece la audacia y los enemigos la muestran por una y otra parte. Cada día se aumenta el interés dramático: cada día me vienen nuevos partes de apuros, pero sin ventaja del enemigo. Estoy como el sol, brotando rayos por todas partes. Mando a atacar a Intermedios y pido 500 hombres para Colombia en caso de un revés. Estoy empleando hasta los muertos en defensa de este Departamento; he mandado a Castillo que levante 2.500 hombres que no es fácil, ni Castillo capaz de hacerlo, porque los

---

[90] Bolívar, Simón. Citado en Varela Jara, Amílcar. Batalla de Ibarra. Págs. 17-18. Publicaciones Chaquiñaques. Ecuador. 2012.

[91] Ver Nota 74.

elementos que tiene no son orgánicos. Yo pienso defender este país hasta con la uña, para que los pastusos gasten sus municiones y la que nos puedan tomar por yerro de cuentas. Lo que le digo a Vd. es que no tengo humor para cartas ni para nada, porque Vd. está muy lejos y no me puede mandar nada por ahora. Pero digo por último y por milésima vez, que si Vd. no me manda 3.000 colombianos viejos para defender y reconquistar el Sur de Colombia, la guerra de América se va a prolongar infinito, aún contra la misma voluntad de los españoles, porque ha de saber Vd. que los pastusos y Canterac son los demonios más demonios que han salido de los infiernos. Los primeros no tienen paz con nadie y son peores que los españoles, y los españoles del Perú son peores que los pastusos. Esta guerra es como la escultura del diamante, que cuando más golpes recibe, más sólido y más brillante se pone, por una y otra parte. Verdaderamente como espectáculo teatral nada más espléndido. Estoy por decir que jamás contendientes han aguzado mejor sus armas al fin como esta vez. Cada uno muestra descender de más cerca del gran Pelayo. Cada uno se obstina más y más contra el hado inexorable: los españoles verdaderamente es contra el hado que combaten, como nosotros contra los rivales del hado, lo que viene a ser lo mismo.[92]

El 6 de julio, Bolívar partió de Quito hacia el norte para enfrentarse a los pastusos. Se detuvo en Guayabamba y al siguiente día marchó a Otavalo. La intención del Libertador era atraer a Agualongo a campo abierto, pero al no conseguirlo, volvió a su posición inicial a esperar la llegada del resto del ejército que el nefasto General Bartolomé Salom había reclutado en Ambato, Latacunga y Quito. Mientras tanto Agualongo ocupaba sin oposición la Villa de Ibarra y se hacía con todas las provisiones que encontraba para abastecer a su hambriento ejército.

Frente a la concienzuda organización de Bolívar, que divide sus tropas en tres cuerpos, el primero bajo el mando de Salom formado por los Guías de la Guardia, y el batallón de Yaguachi; el segundo compuesto de los Granaderos a caballo y

---

[92] Bolívar, Simón. Citado en Varela Jara, Amílcar. Op. Cit. Págs. 21-22.

el batallón de Vargas a las órdenes de Barreto y el tercero en el que incluyó la Artillería y el Batallón de Quito bajo la dirección de Hermógenes Maza, un bebedor empedernido al que le gustaba decir que para él "era una necesidad vital derramar toda la sangre española que estuviera a su alcance" o como recogen algunos historiadores "sobre la sangre no acataba órdenes condescendientes o piadosas; se le olvidada la disciplina militar cuando se trataba de ese precioso líquido, o del otro, quemante y transparente del alcohol"; Agualongo permitió que sus hombres descansaran y se despreocupó un tanto del enemigo en la creencia de que estaba a mucha más distancia de la que en realidad se encontraba. Sus mejores batallones, el Cariaco y Las Lagunas, se hallaban descansando de la prolongada marcha desde Pasto, y la mayoría de los soldados, confiados, limpiaban el armamento, reparaban su escaso equipo o hacían acopio de alimentos.

El caudillo realista prefirió ceder la iniciativa a los republicanos. Bolívar avanzó hacia Ibarra el día 15 por la vía de Tabicando y el 17 emprendió el asalto. Horas antes del mismo, al Libertador Simón Bolívar bebía en las proximidades del lago San Pablo. Fue entonces, cuando en la noche del día 16, según lo describe su ayudante de campo Luis Perú de Lacroix, Bolívar se emborrachó, mientras planificaba las estrategias que iba a utilizar en la batalla:

"Mi primer proyecto, afirma Bolívar, no fue atacar de frente al enemigo en la fuerte posición que ocupaba, pero habiéndome puesto a almorzar con las pocas y malas provisiones que tenía entonces, y la última botella de vino que quedaba en mi bodega y que mi mayordomo puso en la mesa sin mi orden, mudé de resolución. El vino era bueno y espirituoso; varias copitas que tomé me alegraron y entusiasmaron de tal modo, que al momento concebí el proyecto de batir y desalojar al enemigo; lo que antes me había parecido imposible y muy peligroso, se me presentaba ahora fácil y sin peligro (exaltación bipolar en estado de euforia). Empezó el combate, dirigí yo mismo los varios movimientos y se ganó la acción. Antes de almorzar, agregó el Libertador, estaba de muy mal humor, la divina botella de Madeira me alegró y me hizo ganar una victoria pero confieso que es la primera vez que tal cosa me ha sucedido."[93]

El 17 de julio de 1823 la ciudad de Ibarra, escogida por Agualongo para organizar su defensa, fue atacada resuelta y sorpresivamente por las tropas veteranas del Libertador. En el camino tropezó con una escolta encargada de abrevar los caballos de los oficiales de Agustín Agualongo, localizada en la Hacienda de Yacucalle. Bolívar ordenó lancearlos, pero dos de ellos, heridos, lograron escapar y corrieron a avisar a sus jefes de la aproximación del enemigo. Sin embargo, el ejército republicano llegó sin ningún problema a la entrada de Ibarra, lo que indicaba que las tropas realistas se encontraban desprevenidas. La arremetida "patriota" fue vehemente, rabiosa, insostenible. Durante más de nueve horas los soldados de Agualongo se defendieron con tesón en una demostración de valor que rayaba el heroísmo cuando no el suicidio. Como recuerda el historiador Sergio Elías Ortiz:

"…algunos, sin otras armas que su brazos robustos de labradores se prendían al cuello de los caballos en un intento desesperado de echar a tierra caballo y jinete; otros con garrote de chopo cargaban contra los enemigos como en la edad de piedra; quienes a lanzazos se defendían contra los granaderos y los guías, los cuáles trataban de disparar los fusiles, casi inservibles que portaban. Inútil todo, la caballería no les daba tiempo y caían por todas partes alanceados, aplastados por el peso de un enemigo superior en táctica y elementos de combate. Nadie quería rendirse aunque se les gritaba que se entregaran."[94]

O'Leary, testigo presencial de los hechos también muestra su admiración hacia los pastusos:

---

[93] Peru de Lacroix, Luis. *Citado en* Medina Patiño, Isidoro. Op. Cita. Pág. 80.

[94] Elías Ortiz, Sergio. Op. Cit. Pág. 346.

El indómito coraje de los rebeldes no cedió ni en medio de la derrota; despreciando el perdón que se les ofrecía si deponían las armas, prefirieron hacerlas pedazos cuando a causa de sus heridas no podían ya valerse de ellas contra sus contrarios.[95]

La resistencia de los pastusos se redujo simple y llanamente a morir en condiciones espantosas de profusa carnicería. Nueve interminables horas en la propia ciudad y en sus afueras, que se transformaron poco a poco en una masacre en la que las milicias pastusas llevaron la peor parte. No por falta de valor, que derrocharon generosamente, sino por enfrentarse a fuerzas superiores, no sólo en número sino en potencia de fuego. Todos corrían desesperados en busca de sus anticuadas armas, mientras que Agustín Agualongo hizo repicar las campanas de la iglesia en su afán de reunir a los soldados que estaban dispersos en diferentes puntos de la población. Los supervivientes pastusos de la batalla relatarían en años venideros que los jinetes independentistas se entregaron con intemperancia a su tétrica labor sin darles tiempo a desviar un lanzazo o a cargar los obsoletos mosquetes que con mucha dificultad disparaban. La caballería arrasó con todo germen de vida y no tuvo piedad. Se escuchaban disparos por doquier que se mezclaban con los amargos lamentos que gritaban los heridos. Las lanzas se clavaban en los cuerpos, las espaldas, cortaban cabezas, brazos y piernas; la sangre "inundó" las calles y se inició el macabro cómputo de ochocientos realistas muertos. Los granaderos a Caballo, el batallón Vargas y los Guías de la Guardia, cumplieron sin desaliento la orden de no dar cuartel. Hubo oficiales insurrectos, que estremecidos por la matanza y sobrecogidos también por las dimensiones de la masacre y el

---

[95] O'Leary, Daniel. *Citado en* Elías Ortiz, Sergio. Op. Cit. Pág. 346.

heroísmo de los pastusos que preferían la muerte antes que caer prisioneros, pidieron a sus contrincantes la rendición. Cuál sería la desigualdad de armas entre los dos bandos que los republicanos sólo perdieron a trece de sus hombres, en tanto que ocho más resultaron heridos en contraposición a los más de ochocientos pastusos que según el parte oficial, quedaron tendidos para siempre. Los que sobrevivieron al aniquilamiento, entre los que estaba Agualongo, se retiraron al amparo de la noche, casi todos con heridas de diversa consideración. Aun así, con mucha dificultad y perseguidos por las lanzas independentistas, llegaron a sus escondites en las montañas de Pasto. Durante tres días recorrieron más de doscientos kilómetros en huida dolorosa por el fracaso sufrido, acosados por el enemigo, que sin embargo les permitió conservar la vida.

El boletín de la acción expedido por el cuartel general, describe la terrible lucha en los siguientes términos:

"Su excelencia el Libertador, en persona, con sus ayudantes de campo y ocho guías, hacía la descubierta. El enemigo, enteramente descuidado, sólo tenía en la dirección, que traíamos, una partida avanzada cuidando bestias, que fue lanceada por la nuestra, dos hombres que de ella escaparon heridos, dieron aviso al enemigo, que inmediatamente se alarmó; su excelencia hizo colocar a la derecha e izquierda del camino la infantería y caballería en el centro, con orden de tomar la villa, avanzando simultáneamente. Apenas supieron los facciosos que se les atacaba, emprendieron retirarse y situarse del otro lado del río de esta villa, posición muy defendible por escarpada y estrecha, con un puente por medio, pero nuestra caballería, que recibió orden para cargarlos en el acto, lo ejecutó de una manera tan veloz que desde las calles fueron puestos en desorden y empezaron a morir a lanzazos. Tres veces pudieron reunirse y defenderse desde el puente hasta el alto de Aluburo, porque nuestras tropas, en el estrecho, no pudieron pasar tan rápidamente como lo deseaban. La obstinación de los pastusos en defenderse y cargar era inimitable y digna de una causa más noble; pero en el día de ayer todo les fue inútil, porque nuestros granaderos a caballos y guías, marcharon resueltos a exterminar para siempre la infame raza de Pasto. La mayor parte de ellos ha muerto, y los que pudieron escapar dispersos, no pueden llegar al Guáitara sin ser presos por nuestra caballería que los sigue, y por los pueblos y partidas patriotas del tránsito de los Pastos. Desde esta villa hasta Chota, se encuentran más de 600 muertos, en quienes, el coraje de nuestras tropas y la venganza de Colombia, aún no han podido saciarse. Su armamento y cuanto tenían aquí están en nuestro poder"[96]

Al día siguiente, se envió al gobierno republicano en Bogotá un informe sobre la batalla que reza como sigue:

Habiéndose verificado la última insurrección de Pasto en circunstancias en que casi todas las tropas veteranas habían marchado a libertar el Perú, en términos de no haber quedado en el Sur de Colombia otra fuerza que cuatro pequeños Escuadrones (y muy pocos veteranos de los Batallones Vargas y Yaguachi) de los cuales tres eran indispensables para la guarnición de Guayaquil, S. E. el Libertador se vio obligado a levantar milicias y con ellas oponerse a los proyectos de invasión de este Departamento, que intentaron realizar los facciosos de Pasto. Estos malvados, animados por el suceso que habían obtenido sobre el Coronel Flores en Pasto, y bien informados por algunos desafectos de este Departamento, quisieron aprovecharse de esta oportunidad para desolar esta provincia, y capitaneados por los pérfidos Agualongo y Merchancano, aumentaron su fuerza hasta mil y quinientos hombres, una gran parte de ellos con fusiles y los demás con armas blancas de diversas clases.

Según tuve el honor de decir a Usía en mis últimas comunicaciones que condujo el Capitán Zorro, el señor General Salom con una columna de 600 hombres, de los cuales 300 eran veteranos y el resto milicianos, ocupaba el Puntal con el objeto de contener a los enemigos en su marchas y dar tiempo a que llegase la compañía de Granaderos a Caballo y unos veteranos de Vargas que venían de Guayaquil, pero con orden de retirarse hacia Quito sin comprometer acción alguna, porque S. E. el Libertador calculaba que destruida la columna del señor General Salom, debía ser inevitablemente ocupada la capital por los enemigos y muy comprometida la suerte de Colombia.

A más, conociendo S. E. el Libertador el estado de desesperación a que estaban reducidos los facciosos, y no disimulándose la desigualdad que existía

---

[96] Elías Ortiz, Sergio. Op. Cit. Págs. 345-346.

entre hombres aguerridos y obligados a vencer, y unos milicianos que no tenían sino quince días de disciplina, quiso sacar al enemigo de sus riscos y atraerlos a algún campo raso para aprovechar las ventajas que presentaba nuestra caballería, reiteró órdenes al señor General Salom para que se retirase, lo que efectivamente ejecutó este General, y los pastusos ocuparon esta Villa el 12 del corriente con la fuerza que más arriba tengo expresada.

Luego que S. E. consiguió reunir toda la fuerza, que no pasaba de 1.500 hombres, de los cuales 350 eran veteranos, inclusive la caballería, y confiado en que podría destruir al enemigo en cualquiera de las llanuras de este cantón, después de haber tomado todas las medidas que previene el arte de la guerra y exige la prudencia en circunstancias difíciles, se puso en marcha sobre los enemigos desde el cuartel de Guayabamba, el 15 del corriente, con el doble intento de impedir la ruina de estos bellos países y de destruir en este paraje, a donde se había hecho firme, aquella infame raza que tantos males causó a Colombia.

El día de ayer era el destinado para el escarmiento de los bandidos de Pasto. A las dos de la tarde las tropas libertadoras estaban al frente de esta villa. S.E. con su Estado Mayor y algunos Guías, después de haber reconocido el terreno, mandó atacar al enemigo con tanto acierto y velocidad, que en un momento fue derrotado completamente, dispersado y destruido, a pesar de la mucha resistencia que ha hecho para defenderse.

La caballería, a las órdenes del señor General Barreto, ha marchado inmediatamente en persecución de los dispersos, y el señor General Salom, con toda la infantería, ha seguido igualmente para completar el exterminio de esos miserables, de los que muy pocos volverán a pasar el Guáitara.

Por el Boletín dado por el Jefe de Estado Mayor General, se impondrá su señoría de la horrorosa mortandad que ha habido el día de ayer; del armamento tomado al enemigo; de los nombres de los señores Generales, Jefes y Oficiales que más se han distinguido, y de cuantos más detalles pueden interesar a su señoría y hacer honor a las armas colombianas.

Sólo me limitaré a manifestar a su señoría la satisfacción que ha tenido S. E. al ver los prodigios de valor que ha hecho la caballería, y por el admirable patriotismo que ha mostrado este pueblo auxiliando las tropas por cuantos medios posibles, dejando al enemigo en una perfecta ignorancia de nuestros movimientos, apresando los derrotados, y últimamente recogiendo todas las armas y el botín que estos infames dejaron en su precipitada fuga.

Su señoría calculará las ventajas que van a resultar del triunfo de ayer, el que habría sido mucho más glorioso si no hubiese sido oscurecido por el nombre Pasto, pero que hace mucho honor a nuestras armas.

Todo lo que tengo el honor de elevar al conocimiento de Vd. para la superior inteligencia del Supremo Poder Ejecutivo.

Cuartel General en Ibarra, a 18 de Julio de 1823."[97]

También ese mismo día, 18 de julio, el general republicano Demarquet emitió el siguiente parte:

"Cuartel General de Ybarra a 18 de Julio de 1823.

Al Señor Coronel Tomás de Héres, Jefe de Estado mayor general Libertador

Señor Coronel.

A las seis de la mañana del día de ayer, su Excelencia el Libertador marchó del Pueblo de San Pablo con todo el Ejército y por la dirección de Cochicaranqui sobre este cuartel general, con el objeto de sorprender al enemigo que se hallaba en esta plaza en número de 1500 hombres, lleno de confianza, y tan descuidado que solo tenía sus avanzadas sobre el camino principal de San Antonio: a las dos de la tarde S. E. en persona, con su Estado mayor, y algunos guías de la guardia se acercó a las primeras calles de esta Villa con el objeto de reconocer al enemigo; y al momento que se convenció S. E. que efectivamente estaba aún en este Pueblo, mandó atacarlo con tal violencia y acierto que la derrota fue total, la mortandad horrorosa; y el número de fusiles, lanzas, y demás elementos de Guerra cogidos, en muy grande cantidad.

Todo el ejército libertador se ha portado con un valor, y un entusiasmo que no tienen ejemplo; pero la caballería de la guardia sobre todo se ha distinguido, haciendo prodigios como nunca. El Señor General Salom se ha batido como el más valiente Soldado, y el Señor General Barreto con su valor acostumbrado. Este General ha marchado con toda la Caballería en persecución de los dispersos, y por todas partes y direcciones, se han mandado partidas con el mismo objeto.

---

[97] Varela Jara. Op. Cit. Págs. 44-46.

El Señor General Salom saldrá hoy con toda la Infantería para acabar de destruir esa facción, y no hay la menor duda que ni un Pastuso conseguirá repasar el Guáitara.

Es con una satisfacción muy particular que se ha visto cumplida en el día de ayer la profecía de S. E. el Libertador, en que ofreció que sería por la última vez que los infames Pastusos habrían levantado su pérfida cabeza de sedición, y ciertamente puedo asegurar a V. S. que jamás se ha visto un triunfo más completo, y conseguido contra hombres más resueltos que los facciosos de Pasto, pues su resistencia a su salida de esta Villa, y en todo el camino hasta el río Chota, aunque infructuosa, fue tan tenaz, que se debería admirar si hubiera sido empleada en la defensa de la justa Causa.

El boletín dará los detalles de esta acción y recomendará los bravos que más se han distinguido; pero me anticipo en participar a V. S. que nuestra pérdida ha sido muy corta, aunque sensible, y que todos estos Pueblos han dado las más evidentes pruebas de su admirable Patriotismo. Todos los Paisanos están recogiendo dispersos, armas, etc.

S. E. el Libertador saldrá mañana para la Capital de Quito, después de haber mandado para Pasto un ejército capaz de reducir al Orden aquel infame territorio, que por decirlo así ha sido siempre el refugio de la tiranía.

Todo lo que tengo el honor, y la satisfacción de participar a V. S. de orden de S. E. el Libertador, encareciendo a V. S. se sirva comunicarlo a quienes corresponde.

Dios guarde a V.S.

El Secretario general interino. Carlos Eloy Demarquet."[98]

Cuando aún no se había disipado el humo de los combates y dentro de la natural excitación en que se encontraba, Bolívar le decía al vicepresidente Santander el 21 de julio:

"Logramos, en fin, destruir a los pastusos. No sé si me equivoco como me he equivocado otras veces con esos malditos hombres, pero me parece que por ahora no levantarán más sus cabezas los muertos. Se pueden contar 500 por lo menos; mas como tenían más de 1.500, no se puede saber si todos los

[98] Varela Jara. Op. Cit. Págs. 47-48.

pastusos han caído o no. Muchas medidas habíamos tomado para cogerlos a todos y realmente estaban envueltos y cortados por todas partes. Probablemente debíamos coger el mayor número de estos malvados. Usted sabrá por el general Salom los que hayan cooperado, y lo más que haya sucedido después de la victoria. Yo he dictado medidas terribles contra ese infame pueblo, y usted tendrá una copia para el ministerio, de las instrucciones dadas al general Salom. Pasto es la puerta del sur, y si no la tenemos expedita, estaremos siempre cortados; por consiguiente, es de necesidad que no haya un solo enemigo nuestro en esa garganta. Las mujeres mismas son peligrosísimas. Lo peor de todo, es que cinco pueblos de los pastusos son igualmente enemigos, y algunos de los de Patía también lo son. Quiere decir esto, que tenemos un cuerpo de más de 3.000 almas contra nosotros, pero una alma de acero que no pliega por nada. Desde la conquista acá, ningún pueblo se ha mostrado más tenaz que ese. Acuérdese usted de lo que dije sobre la capitulación de Pasto, porque desde entonces conocí la importancia de ganar esos malvados. Ya está visto que no se pueden ganar, por lo mismo es preciso destruirlos hasta en sus elementos."[99]

O'Leary, edecán de Simón Bolívar, describe en sus memorias todos estos acontecimientos:

Poca confianza podían inspirar al Libertador las milicias que logró reunir; los soldados de línea, debilitados por las enfermedades y fatigas de las marchas forzadas que habían tenido que hacer, sólo podían servir para instruir a los reclutas milicianos de Quito; pero en estos premiosos momentos la aproximación de los rebeldes dejaba poco tiempo para su instrucción y disciplina. Persuadido de que sólo por medio de estratagemas podía suplirse la falta de fuerzas, el Libertador empleó la siguiente con buen éxito. Con una fingida retirada, que dio todas las apariencias de la fuga, inspiró confianza a los rebeldes, haciéndoles creer que podían adueñarse de Quito. Agualongo amenazó a sus habitantes con un degüello general y ofreció a sus bárbaros soldados el saqueo de la ciudad; pero mientras se preparaba a ejecutar tan diabólico proyecto, el Libertador cayó repentinamente sobre él desbaratando los inicuos planes del caudillo.

---

[99] Santander, Francisco de Paula. Op. Cit. Págs. 96-97.

El 17 de Julio al medio día mientras los rebeldes andaban de fiesta en las calles de Ibarra, sus avanzadas fueron sorprendidas y acuchilladas por el mismo Libertador con su estado mayor y una escolta de lanceros. Avisado Agualongo de este inesperado ataque, casi al mismo tiempo en que Bolívar con los que le acompañaban, ocupaba los suburbios, no le quedó más recurso que abandonar la ciudad y salir apresuradamente con sus tropas a colocarse al otro lado de una profunda barranca, que demora al norte en el camino de Pasto, pero antes de poderlas formar en la altura que lo domina fue de nuevo atacado y completamente derrotado. De los mil quinientos pastusos que en tan breve espacio había logrado reunir, seiscientos perecieron entre Ibarra y el pequeño lago de Taguarcocha, que sólo dista media milla del poblado; el resto de la fuerza se dispersó en todas direcciones. Agualongo con unos cincuenta jinetes pudo escaparse, así como algunos dispersos, que por su conocimiento de las localidades se alejaron del camino principal, y se le reunieron después en las montañas de Pasto. El indómito coraje de los rebeldes no cedió ni en medio de la derrota; despreciando el perdón que se les ofrecía si deponían las armas, prefirieron hacerlas pedazos cuando a causa de sus heridas no podían ya valerse de ellas contra sus contrarios. El Libertador en persona persiguió los fugitivos hasta muy entrada la noche. Al siguiente día hizo avanzar al coronel Salom a ocupar a Pasto, lo que verificó sin resistencia. La noche antes de la acción de Ibarra, después de dar todas sus órdenes para la marcha en la mañana siguiente, dictó a un amanuense uno de los mejores y más elocuentes artículos que compuso en su vida, sobre la confederación americana. Así empleaba su tiempo en beneficio de la causa común, en medio de las más aflictivas circunstancias y hasta en momentos en que como éstas parecería más prudente retirarse en vez de atacar a un enemigo superior en número, que aunque indisciplinado, estaba engreído con sus recientes triunfos.[100]

Y José Manuel Restrepo, con su habitual desdén hacia los realistas, a los que en este caso llama "chusma de bandidos", recuerda también lo acontecido de manera más somera:

El Libertador salió de esta capital con mil quinientos hombres de infantería, caballería y artillería, la mayor parte de milicias. Ocupados los

---

[100] O'Leary, Daniel. Op. Cit. Pág. 202-203.

rebeldes en pillar las riquezas del valle de Ibarra, esperaba destruirlos en sus llanuras, confiado principalmente en su caballería.

El 18 de julio, a las dos de la tarde, arribó el Libertador a las cercanías de Ibarra. Entretenidos los facciosos en robar y en remitir a su retaguardia el fruto de sus latrocinios, no habían puesto avanzadas e ignoraban absolutamente los movimientos de Bolívar. Una partida que se halló la primera, fue lanceada por otra nuestra. El Libertador mismo con sus ayudantes y ocho guías iban en la descubierta. Viendo que los enemigos se habían alarmado, dispuso que la infantería y caballería tomaran la villa avanzando simultáneamente. Luego que los rebeldes ven que se les ataca, emprenden retirarse situándose al otro lado del rio de Ibarra; posición defensable por lo escarpado y estrecho del pasaje. Mas fueron cargados con tanto denuedo y velocidad, que, sin embargo de su tenaz resistencia y valor, se les derrota completamente. A pesar de esto, tres veces pudieron reunirse de nuevo y defenderse hasta el alto de Alaburo; pero otras tantas los acuchillaron los granaderos a caballo y los guías, cuyo comportamiento fue muy distinguido. Los rebeldes pelearon obstinadamente, y no desmintieron en aquella funesta jornada la nombradía de su antiguo valor. Ochocientos cadáveres de Pastusos quedaron tendidos en el camino hasta Chota, pues no se les dio cuartel. Perseguidos vivamente por los jinetes al mando del general Barreto, así como por los pueblos del tránsito, muy pocos pudieron escapar a sus montañas repasando el Guáitara. El armamento y cuanto habían robado cayó todo en nuestro poder. Solamente perdimos trece muertos y ocho heridos en esta acción, que salvó al departamento del Ecuador de que fuera devastado por aquella chusma de bandidos.[101]

Cipriano de Mosquera menciona la batalla, pero pasa por encima de forma superficial como si quisiera restarle importancia:

El Libertador trabajó en Quito con aquella actividad que le distinguía y organizó sobre los 400 hombres que condujo desde Guayaquil una división de 1.500 hombres de las tres armas. Al ocupar Agualongo el territorio de Tulcán y Tusa, el General Salom se retiró del Puntal a Ibarra, y cuando el

---

[101] Restrepo, José Manuel. Op. Cit. Págs. 356-357.

enemigo pasó el Chota siguió su retirada hasta Guayabamba, en donde se incorporó a la división que mandaba en persona el Libertador.

El Coronel Agualongo había elevado su fuerza a 1.500 infantes y unos 100 jinetes: ocupó a Ibarra, y la tropa, ocupada en merodear en los alrededores de la ciudad y en saquear las casas de los republicanos, se dejó sorprender el 18 de julio, que al llegar a las inmediaciones el Libertador supo el desorden en que estaban, y él en persona tomó un piquete de caballería y un edecán, marchó a la cabeza de la división y ocupó la ciudad, librando sobre los enemigos un combate sangriento para exterminar a estos partidarios del Rey de España, que paralizaban todas las operaciones en auxilio del Perú. El triunfo fue completo, y de Ibarra al Chota murieron 600 hombres; pero Agualongo y algunos jefes y oficiales de esta facción se salvaron, y fueron a continuar la guerra en su país.[102]

La batalla de Ibarra fue tan sangrienta y bárbara como las peores de la Guerra de la Independencia de la América Española, a lo que hay que sumar su dramatismo por la catastrófica desproporción de bajas entre los contendientes. El final no pudo ser más triste y doloroso para los pastusos, pues la mayoría de los que iniciaron la lucha fueron exterminados. Los cadáveres de ochocientos realistas, en su mayoría gentes de las milicias de Pasto y Patía, quedaron tendidos en el ensangrentado campo de batalla y debido al hedor que empezó a extenderse por toda la región, no hubo más remedio que incinerarlos en enormes piras.

Batallas de extraordinaria barbarie marcaron la aciaga guerra de Emancipación, pero entre las más pavorosas, que todavía espantan por el terror desatado, habrá que citar la batalla de San Miguel de Ibarra, en la que un indio, el coronel del ejército español Agustín Agualongo, desafió a las huestes de Simón Bolívar.

---

[102] Cipriano de Mosquera, Tomás. Op. Cit. Pág. 447.

Capítulo 10
PASTO OTRA VEZ REPUBLICANA

Al día siguiente de la batalla, el 18 de julio, los generales Salom y Barreta partieron en persecución de los supervivientes, que habían huido hacia el norte. El propio General Salom, por mandato del Libertador, fue investido con poderes omnímodos para la reducción y pacificación de la rebelde Pasto, que Salom no dudará en aplicar con todo el regocijo que ello le suponía.

Las instrucciones que entregó al sanguinario Salom y que Bolívar mencionó en la carta a Santander que transcribimos en el capítulo anterior, son una muestra más del carácter vengativo y genocida del llamado Libertador.

1. Usted continuará con el mando del ejército.

2. Marchará a pacificar la provincia de Pasto y los Pastos.

3. Destruirá todos los bandidos que se han levantado contra la República.

4. Mandará partidas en todas direcciones a destruir estos facciosos.

5. Las familias de estos facciosos vendrán todas a Quito para destinarlas a Guayaquil.

6. Los hombres que no se presenten para ser expulsados del territorio serán fusilados.

7. Los que se presenten serán expulsados del país y mandados a Guayaquil.

8. No quedarán en Pasto más que las familias mártires por la libertad.

9. Se ofrecerá el territorio de Pasto a los habitantes patriotas que lo quieran habitar.

10. La misma suerte correrán los pueblos de los Pastos y de Patía que hayan seguido la insurrección de Pasto.

11. Las propiedades privadas de estos pueblos rebeldes serán aplicadas a beneficio del ejército y del erario nacional.

12. Usted está plenamente autorizado para tomar todas aquellas providencias que sean conducentes a la conservación del ejército de su mando y a la destrucción de los pueblos rebeldes.

13. Dentro de dos meses debe usted haber terminado la pacificación de Pasto.

14. Llame al señor Coronel Flores para que se haga cargo del Gobierno de los Pastos.

15. Pedirá a los jefes y Oficiales que marcharon derrotados a Popayán, los que deberán traer reclutas para la guarnición de Pasto.

16. Cuidará de preferencia la caballería y sus caballos, manteniéndolos perfectamente.

17. Terminado el peligro, vendrán primero las tropas de caballería y después las de infantería.

18. No se permitirá en Pasto ningún género de metal en ninguna especie de útil, y serán perseguidos fuertemente los infractores. Esta prohibición será durante la guerra.

19. La guarnición de Pasto debe quedar siempre en Túquerres, donde se debe construir una casa fuerte con todo lo necesario para sufrir algunos días de sitio.

20. Procure usted que el Batallón Yaguachi y un par de Compañías de Vargas se pongan en el mejor estado posible, tomando para estos cuerpos los solteros de la milicia y los hombres inteligentes para las armas.[103]

Las instrucciones eran tan duras que hasta un republicano como Restrepo, tan parcial en la visión de la guerra descrita en su obra "Historia de la Revolución de la República de Colombia en la América Meridional," no pudo pasar por alto:

[103] O'Leary, Daniel. *Citado en* Varela Jara, Amílcar. Batalla de Ibarra. Págs. 42-43. Publicaciones Chaquiñaques. Ecuador. 2012.

Desde entonces podía preverse que órdenes y providencias tan duras como difíciles de ejecutarse a la letra producirían grandes excesos, y que exasperando a los rebeldes, colocándolos entre la muerte o el destierro, opondrían éstos la más obstinada resistencia, y que venderían sus vidas a muy caro precio.[104]

Salom consiguió unir sus fuerzas a las de Flores y José María Obando formando una división de 2200 hombres de la que será su general en jefe y en la que tendrá como segundo al coronel Flores, dos figuras de infausto recuerdo en Pasto cuyas decisiones parecían que iban encaminadas a ver quién superaba al otro en maldad y comportamiento despiadado.

Salom entró en Pasto sin ninguna resistencia pues la ciudad estaba prácticamente abandonada. Los escasos vecinos que no habían escapado se escondieron en sus casas, temerosos del vengativo Salom. En seguida llevó a cabo las requisas y saqueos a los que le permitían las instrucciones de Bolívar. En cumplimiento de los mandatos del Libertador envío al exilio a doce religiosos realistas y fusiló arbitrariamente a otros tantos sin juicio previo. Ahorcó a los ciudadanos que consideró partidarios realistas y encarceló a cuantos consideraba sospechosos de simpatizar con España.

En estos días fue que en Pasto llegó la ferocidad hasta el punto de divertirse con los hombres destinados a morir. El coronel Eusebio Borrero, que se hallaba con el general Salom en Pasto, tuvo el honor de ser preferido para autorizar el sacrificio de 28 víctimas, pero habría sido mucha condescendencia sacrificarlas por los medios conocidos, y de un solo golpe, y se inventó un género de muerte que no tuviese estos defectos. Amarrados espalda con espalda, apenas les era permitido escoger el compañero con quien cada uno había de ser sacrificado, catorce matrimonios cívicos fueron precipitados vivos de uno en uno desde lo alto del puente hasta los hondos abismos del Guáitara, haciendo penar a los últimos con el espectáculo sucesivo de los primeros.

---

[104] Restrepo, José Manuel. Op. Cit. Pág. 357.

Recuerdo entre estas víctimas a los respetables vecinos Don Matías Ramos y Don Pedro María Villota, hombres del todo inocentes y pacíficos.[105]

Seguía el general Salom con su macabro "trabajo" de pacificación cuando según cuenta Obando,[106] el 18 de Agosto, un mes después de la derrota de Ibarra, se presentó Agualongo con 3000 seguidores en el pueblo de Anganoy, a escasos kilómetros de Pasto. Las nuevas milicias reclutadas sólo poseían 200 fusiles y escasas municiones estando en su mayoría armadas con estacas, palos, y útiles de labranza. No obstante, sitiaron a las tropas de Salom que bien armadas y pertrechadas no trataron de romper el cerco. Es cierto que Salom muchas veces quiso intentar batir al enemigo, pero Flores, que no olvidaba su famosa derrota "a palos," contuvo siempre las ansias de lucha del general. El sitio fue tan estricto que los víveres no alcanzaban la ciudad. Los alzados desviaron el cauce de los arroyos que pasaban por la urbe para someter a los republicanos por la sed. El agua tenía que conseguirse a "precio de sangre." Los intentos realistas de asalto a la ciudad se sucedieron durante varios días y los intercambios de disparos produjeron las primeras bajas.

Para paliar el hambre que empezaba a hacer mella entre los independentistas, el 22 por la noche se envió al comandante Acero con un grupo de soldados a que se infiltrara entre las líneas realistas y trajera algunas cabezas de ganado de la Laguna, un pueblo cercano. Cuando al amanecer del 23 regresaba con algunas reses se topó en el ejido con fuerzas de Agualongo que le cortaban el paso. Salom ordenó a Obando que con una compañía saliese a auxiliar a Acero. La llegada de la ayuda permitió a Acero escabullirse y alcanzar con el ganado a la ciudad mientras Obando con sus escasas fuerzas protegió

---

[105] Obando, José María. Op. Cit. Págs. 31-32.
[106] Obando, José María. Op. Cit. Págs. 32 y ss.

la escapada del comandante y los animales. El oficial insurrecto no pudo resistir mucho la superioridad realista y empezó a retroceder, momento que fue aprovechado por aquellos para intentar una nueva acometida sobre la ciudad. Un antiguo oficial realista, ahora en las filas republicanas, Pedro Herrán, temeroso del empuje enemigo, se encerró con sus soldados en las casas que ocupaba habilitadas como cuartel y no evitó que los hombres de Agualongo pasaran por su calle en dirección al cuartel de San Francisco. Obando, consumidas sus municiones, se tuvo que replegar a la ciudad. Los combates se generalizaron por todas las calles. Fue una lucha cuerpo a cuerpo. Finalmente los republicanos consiguieron rechazar a los pastusos a base de tesón y mejor armamento. La intentona realista se había saldado con 200 muertos pero los rebeldes no consiguieron romper el sitio a que estaban sometidos. La desesperación alcanzó a Salom y Flores que ante el asombro de Obando y algunos oficiales, enviaron a tres monjas del monasterio de la Concepción (afín a la causa de España) que había en Pasto, a parlamentar con Agualongo. Cuando Obando les preguntó que adónde iban, las hermanas concepcionistas le respondieron que "iban en comisión de los Señores Generales donde el Sr General Agualongo con un oficio, y con el encargo de rogarle que se acabase la guerra dándose un abrazo como cristianos hijos de Dios". Para Obando, ese intento de llegar a un acuerdo con el enemigo "era hasta donde podía llegarse a poner en ridículo la orgullosa carrera del soldado, y hasta donde podía injuriarse a una división que acababa de dar y daba todos los días las más esclarecidas pruebas de constancia y de valor. Sólo la consideración de ser éste un hecho público que no puede jamás ser desmentido, me autoriza a presentarlo para adorno de la historia cómica del coronel Flores".

La situación no podía ser más patética. Los dos jefes republicanos, conocidos por las atrocidades que habían cometido en Pasto, pidiéndole a un hijo de la ciudad, furibundo realista defensor de la causa española, que había sufrido en sus carnes las perfidias de los independentistas, que se aviniera a un abrazo como buenos hermanos sin vencedores ni vencidos llevando además el mensaje tres monjas tan defensoras del rey como Agualongo.

Evidentemente la respuesta no podía ser otra. Agualongo recibió a las religiosas pero se negó a abrir el escrito. La debilidad (o quizá cobardía) mostrada por los dirigentes republicanos animó a los pastusos a intentar de nuevo recuperar la ciudad. La situación se hizo tan insostenible para los defensores de la república que una noche, aprovechando la confusión del intercambio de disparos huyeron hacia el Guáitara para ponerse a salvo. Agualongo cometió el error de atacar a los fugados en Catambuco. En lugar de "golpearles" por la retaguardia lo intentó de frente para cortarles la retirada, chocando con la resistencia del batallón Yaguachi que encabezada la marcha. Los del Yaguachi resistieron con valentía protegiendo la escabullida del resto del ejército de Salom y Flores que consiguieron llegar a Túquerres. La ciudad pasó a ser ocupada por las tropas de Agualongo, y Pasto, una vez más, era realista.

Pedro Herrán, del que hemos hablado más arriba, se quedó con el Yaguachi, no para demostrar su valor sino porque consideraba que estaría más seguro. Durante el trance de los combates fue hecho prisionero y llevado ante Agualongo. Lo ocurrido es narrado por Obando en sus "Apuntamientos":

> En esta acción fue aquel lance tan sabido entre Agualongo y Herrán, éste creyéndose más seguro a retaguardia, se había quedado con Yaguachi, y como Agualongo cortó esta fuerza en quebrada para batirla, en la refriega alcanzó a Herrán, que puesto de rodillas, con las manos juntas y en presencia de ambas fuerzas combatientes, imploró el favor de que no le matase, recordándole ser su

antiguo compañero. Agualongo le contestó con desprecio, que "él no mataba rendidos", de este hecho hizo después mérito en su defensa cuando se le confesionó (sic) en Popayán para juzgarle, como consta en su causa.[107]

Ante el desastre, Salom fue llamado a Quito a rendir cuentas de su actuación. La situación en Pasto había tomado proporciones muy serias y las nuevas autoridades de Colombia tenían que tomar cartas en el asunto. Salom para justificarse se dirigió a Bolívar el 25 de septiembre con la siguiente misiva, reproducida por Restrepo en su obra:

Ya propuse a V. E. los dos únicos medios que me parecen adaptables para terminar la guerra de Pasto, que eran, o un indulto general y absoluto concedido a los facciosos, o la destrucción total de país, en el día estoy por este último exclusivamente. Hasta ahora no he tenido la honra de recibir contestación de S. E. sobre este particular. No es posible dar una idea de la obstinada tenacidad y despecho con que obran los Pastusos, si antes era la mayoría de la población la que se había declarado nuestra enemiga, ahora es la masa total de los pueblos la que nos hace la guerra, con un furor que no se puede expresar. Hemos cogido prisioneros muchachos de nueve a diez años. Este exceso de obcecación ha nacido de que saben ya el modo con que los tratamos en Ibarra, sorprendieron una contestación del señor comandante Aguirre sobre la remisión de esposas que yo le pedía para mandar asegurados a los que se me presentaran, según las instrucciones de S. E., y sacaron del Guáitara los cadáveres de dos Pastusos, que con ocho más entregué al comandante Paredes, con orden verbal de que los matara secretamente. De aquí es que han despreciado insolentemente las ventajosas proposiciones que les he hecho, y no me han valido todos los medios de suavidad e indulgencia que he puesto en práctica para reducirlos. Están persuadidos que les hacemos la guerra a muerte, y nada nos creen.[108]

---

[107] Obando, José María. Op. Cit. Pág. 34
[108] Restrepo, Jose Manuel. Op. Cit. Pág. 362.

Como leemos en la transcripción, Salom miente en su escrito. Se había conducido en Pasto como un auténtico sátrapa y los pastusos no olvidaban la primera vez que fue gobernador militar y los convocó con promesas de perdón para luego ejecutar a unos cuantos y desterrar a muchos.

Para sustituir a Salom se designó a un español renegado, el general José Mires, mas iracundo y vengativo que el mismo Salom, lo que supuso un incremento de la guerra sin cuartel en la que no se respetaba la vida del vencido y las atrocidades estuvieron a la orden del día. La primera medida de Mires fue limpiar de partidas realistas la región, lo que consiguió con éxito, después atacó Pasto para desalojar a Agualongo cambiando de manos la ciudad por dos veces. Los combates fueron cruentos con elevado número de bajas y Agualongo resistió hasta que tuvo noticias que desde el norte se aproximaba una fuerza enemiga bajo el mando del general José María Córdova.

El primer enfrentamiento con tropas de Agualongo tuvo lugar en Chacapamba de donde salió victorioso Córdova. Si embargo, en Tasines, donde nuestro héroe sólo contaba con algo más de 400 hombres, Agualongo derrota a Córdova que tiene que retirarse en dirección al río Juanambú, el cual cruza acosado por los realistas que a punto están de abatirle.

Nombrado yo segundo del general Córdova, marchamos con una fuerza de 260[109] hombres, casi todos reclutas, y, sin detenernos en parte alguna seguimos hasta cerca de Pasto, habiendo pasado Juanambú sin siquiera ser observados, pues el enemigo, sabedor de que por la parte de Popayán no había entonces una fuerza capaz de emprender acciones serias, había descuidado la defensa de sus formidables posiciones, y sólo atendía hacia el Guáitara, por donde se hallaba amenazado de fuerzas imponentes. Así es que no se disparó un tiro de fusil hasta Chacapamba, en donde nos preparamos para entrar en Pasto

[109] Es posible que el número de hombres doblara o triplicara esta cantidad. Hilario López, autor del texto presentado, tiene que justificar de alguna manera la derrota.

juzgando que nuestras tropas del sur podían haber ocupado esa ciudad, o bien que el caudillo de los facciosos podía hallarse con las suyas en el Guáitara, puesto que no se había intentado oponer hasta allí ninguna resistencia, y no habíamos podido adquirir noticia alguna. En Chacapamba nos hallábamos cuando de repente vinieron Agualongo, que era el jefe de los armados, y Merchancano, que era el gobernador intruso, a la cabeza de unos 500 hombres, y después de habernos intimado rendición, en respuesta a un oficio que en iguales términos les había pasado el general Córdova, rompieron el fuego ganando terreno, y contando con que una fuerza tan pequeña como la nuestra en una posición inferior, en que podían contar uno a uno de nuestros soldados, no sería capaz de resistirle; pero fueron rechazados hasta la altura de Tasines, de donde resolvió el general retroceder a Chacapamba, con el designio de ocupar por la noche a Pasto por otra dirección. Los enemigos volvieron a hacer una nueva tentativa, y fueron por segunda vez rechazados, no obstante que de momento en momento recibían nuevos refuerzos que partían de los pueblos del Cantón de Pasto, a medida que iban sabiendo nuestra aproximación.

Llegada la noche me consultó el general sobre su plan de marchar, sin detenerse un instante hasta pasar el Guáitara. Yo le manifesté, que, "aun suponiendo que pudiéramos abrirnos el paso hasta aquel río, siendo seguro que no encontraríamos puentes para atravesarlo, y que, por otra parte, allí debía estar la mayor parte de la fuerza enemiga, aventurábamos mucho esta operación, teniendo en su contra todas las probabilidades del éxito; pero que, sin embargo, yo estaba dispuesto a secundar sus órdenes." Córdova me contestó: "que la reflexión de no encontrar puentes por donde pasar el Guáitara, le hacía mucha fuerza pues sin duda seríamos destruidos en aquellas riberas, y que, en consecuencia, era preciso repasar el Juanambú. A las 8 de aquella noche emprendimos la retirada tranquilamente, dejando en el campo un cabo y 4 soldados escogidos para atizar unos fogones y ocultar así nuestra retirada, y no hicimos alto hasta la hacienda de Ortega, en donde permanecimos hasta las 6 de la mañana, hora en que continuamos la marcha retrógrada con la mayor lentitud, pues el general se propuso hacer llevar una partida de vacas que había en aquella hacienda, para quitar este recurso al enemigo, y aprovecharnos de él, empleándolo en nuestra subsistencia. La demora de la conducción de este ganado proporcionó al enemigo, que hasta el amanecer no se había percibido de nuestra retirada, el darnos alcance al descender del Boquerón del Juanambú, cuya altura fue ocupada por Agualongo.

Yo me hallaba en la mitad de la cuesta cuando oí los primeros tiros que se hacían al mismo general que había quedado a retaguardia con el coronel Salvado Córdoba y una pequeña partida de soldados. Al instante formé en columna cerrada la parte de la tropa que había salido ya del Boquerón, ocupando un plano inclinado que daba lugar a la formación. Al mismo tiempo observé que en el otro lado del Juanambú coronaban los enemigos los riscos perpendiculares de la cañada en número considerable y que al lado de Buesaco se dejaban ver algunos hombres. En estas circunstancias se empeñó vivamente el fuego con la partida del general Córdova, a la vez que el enemigo echaba a rodar una cantidad inmensa de piedras que estaban arriba amontonadas como otras veces había sucedido. Agualongo pasaba la palabra al faccioso Toro[110] que ocupaba la cañada: ¡Cuenta cómo se escapa uno sólo! le decía, y Toro le contestaba: ¡No hay cuidado, que por aquí no se escapará ninguno! Y esta vocería era repetida por todos ellos. Los que conocen el Juanambú pueden juzgar de lo crítico de nuestra situación.

En tales circunstancias di orden a uno de nuestros mejores oficiales, el alférez Yuk, irlandés, de marchar con 25 hombres a tomar posición de la serie de parapetos paralelos al río, en su ribera izquierda, antes que fuesen ocupados por el enemigo. Esta operación tenía por objeto ocupar el camino por donde debíamos ser perseguidos, y proteger nuestro paso del río, impidiendo que las fuerzas de Toro se aproximasen a estorbárnoslo, a la vez que imponía algún respeto a las tropas de Agualongo, que tenían que pasar bajo los fuegos de la partida de Yuk en nuestra persecución. También di órdenes al capitán Manuel María Córdoba para que a la cabeza de 80 hombres pasase inmediatamente el río, sin dejar atrás el ganado que conducíamos. De todo instruí al general por medio de un oficial, y recibí por respuesta la aprobación de mis medidas, y orden para seguir con 80 hombres más a ocupar la cañada, y proteger luego la retirada del general que permanecía siempre haciendo una desesperada resistencia a Agualongo.

Muy pronto di alcance al capitán Córdoba, pasando el río con bastante agua que iba aumentando, y continué mi movimiento. El enemigo se esforzaba también en defender su ventajosa posición, desde la cual nos ofendía con sus fuegos, sino también con una inmensidad de piedras que hacía rodar sobre

---

[110] Coronel mulato Jerónimo Toro. Como veremos posteriormente, murió apoyando a Agualongo en la acción de Barbacoas.

nosotros; pero no pudo disputarnos largo tiempo la ocupación de la cañada. Yo fui el primero que coroné la altura con un tal soldado González, y enseguida coloqué una partida de 40 hombres sobre un mamelón que está a la derecha de la choza de la cañada; otros 40 dejé en esta choza, y el resto de la tropa la hice desfilar por una peligrosa senda, para proteger la retirada del general Córdova. Entre tanto, Toro con sus guerrillas ocupaba todas las alturas dominantes del sitio de la cañada, aunque fuera del alcance de fusil.

El general Córdova pasaba ya el Juanambú y era perseguido encarnizadamente por Agualongo; pero cuando éste vio que yo era dueño de las posiciones de la ribera derecha, y que una parte de mi tropa dominaba el río, se contuvo en los parapetos que acababa de abandonar Yuk por órdenes que se le habían dado, y el general pudo replegar a la cañada.[111]

Córdova decidió regresar a Popayán de donde había venido originariamente "dando fin al sangriento paseo por territorios que no lo acogieron con glorias y honores, al estilo de un Libertador."[112] Mires continuó los enfrentamientos con grandes pérdidas para ambos bandos, diezmados no sólo por los disparos y la metralla sino por las enfermedades, las penurias y algunas deserciones. Cuando Mires fu llamado a Quito, se hizo cargo de la campaña contra los pastusos el coronel Flores que había quedado en Túquerres donde recibió refuerzos de veteranos hasta completar la cifra de 2500 soldados. Flores no había olvidado la derrota de Catambuco y estaba esperando el momento para desquitarse.

Agualongo regresó a Pasto ocupada por los republicanos y trató de desalojarlos. En Bogotá el gobierno de la república estaba muy preocupado por la marcha de la guerra. Necesitaba enviar tropas al Perú y la situación en Pasto se lo impedía. El general Santander escribió una carta a los líderes realistas, Merchancano y Agualongo, y les llamó a la reflexión para terminar con tanto derramamiento de sangre.

---

[111] Hilario López, José. Op. Cit. Págs. 133-135.
[112] Montezuma Hurtado, Alberto. Op. Cit. Pág. 161.

Bogotá, noviembre 6 de 1823

Señores jefes de Pasto, don Estanislao Merchancano y don Agustín Agualongo:

He llegado a entender que ustedes estaban dispuestos a renunciar a la locura desesperada en que se han metido sin esperanza de suceso, y que no pudieron avenirse con el general Salom por la falta de ciertas garantías que ustedes solicitaban. En este supuesto no he querido omitir un medio de reconciliación como el presente, antes de proceder a llevar nuevamente la guerra a ese desgraciado territorio.

Si ustedes reflexionan un poco lo que han hecho, deben convencerse de que su empresa es desesperada, y que es imposible que ustedes resistan a las fuerzas que el gobierno puede hacer marchar por el sur y por Patía. Son ustedes los únicos enemigos que le quedan a Colombia, y por mucha confianza que les inspiren sus rocas y sus desriscaderos, al fin debemos triunfar nosotros, porque somos más y tenemos infinitos recursos.

¿Y qué ganarán ustedes de morir peleando, o de andar huyendo por las montañas? ¿Mejorarán por eso su causa, y harán feliz a su país? ¿Les dará recompensas el rey de España? ¿Sus familias vendrán a ser felices? Piensen ustedes bien estas consideraciones.

Por el contrario reunidos a Colombia tendrán quietud, podrán buscar el alivio de su familias, el Pueblo de Pasto no padecerá tantos males, y ustedes tendrán menos reatos y cargos de conciencia. La paz es un bien muy apreciable, y a ella debemos sacrificarle resentimientos y odios personales.

¿Por qué fatalidad no disfruta Pasto de la tranquilidad y contento de que gozan todos los pueblos de la república? ¿Por qué desgracia no disfrutan ustedes, como hijos de Colombia, de los placeres de que están en posesión todos los demás colombianos? Que ustedes estuviesen antes equivocados con respecto al poder de la España, hasta el punto de creer que nos pudiera conquistar, es disculpable; pero que ahora estén pensando que podemos volver a sucumbir a los españoles y que piensen ustedes solos, metidos en un punto insignificante, hacernos perder nuestra libertad, es el colmo del delirio y de la locura.

Como magistrado de Colombia tengo obligación de emplear la suavidad y la dulzura para atraer a los ciudadanos descarriados y disipar sus errores. La muerte de cualquier colombiano es para mí un suceso de dolor y de amargura, y mi corazón me dicta evitarla.

Así, pues, yo dirijo a ustedes con mucho gusto una comisión autorizada ampliamente para que convenga con ustedes en el modo decoroso de restablecer la paz en ese territorio y ahorrarle los desastres que pudieran sobrevenirle. Hablen ustedes con confianza y libertad, explíquense claramente y de una vez establezcamos la paz y tranquilidad, o declárense los enemigos irreconciliables de Colombia.

Espero que ustedes, instruyéndose del poder que hoy tiene Colombia, después de haber destruido el ejército del general Morales, y de que Lima ha quedado libre, no atribuyan este paso a debilidad y temores. El pueblo que en otro tiempo no ha temido a Morillo, a Murgeón, ni a Morales, menos puede temer ahora a cuatro hombres arrinconados en Pasto sin elementos de guerra y sin protección.

Envíen ustedes una persona de su confianza que venga a Popayán y Neiva, a ver con sus propios ojos las tropas que están marchando hacia Pasto, y ella les podrá decir si el gobierno de Colombia, al proponer a ustedes una reconciliación, sólo consulta el bien de esos pueblos y la humanidad.

¡Quiera el cielo romper la banda que cubre los ojos de ustedes y darnos quietud para recoger los frutos de la paz a la sombra de la libertad! Quiera ahorrarme el dolor de renovar en Pasto escenas trágicas que sólo pueden atribuirse a la obstinación y ceguedad de ustedes.

Es de ustedes, atento servidor, q, b. s. m.
Francisco de Paula Santander.[113]

El Intendente General del Cauca, coronel José María Ortega, escogió a dos presbíteros para que llevaran la misiva de Santander a los jefes realistas y comunicó al Secretario de Estado y del Despacho de Guerra, lo que sigue:

---

[113] Santander, Francisco de Paula. Cartas y Mensajes del General Francisco de Paula Santander. Vol. IV. 1822-1824. Compilación de Roberto Cortázar. Pág. 265. Talleres Editoriales de Librería Voluntad. Bogotá. 1954.

Popayán, 5 de diciembre de1823.

Fueron nombrados para seguir a Pasto y a los jefes de aquellas tropas las ventajosas   proposiciones de S.E el Vicepresidente de la República, el Presbítero Tomás Villegas y el Padre Fray Ángel Piedrahita. Además de habérseles hecho todas las prevenciones de S.E. se han añadido las que esta Comandancia ha creído importantes.[114]

La misión era difícil para los clérigos, fueron recibidos con hostilidad allá por donde pasaban (por otra parte hasta cierto punto normal pues era territorio realista) y tampoco fueron bienvenidos por Merchancano, único jefe que les atendió, pues no consiguieron entrevistarse con Agualongo. Merchancano les entregó una carta en respuesta a la de Santander, que los dos religiosos dieron al coronel Ortega junto con el siguiente informe:

Al señor Intendente General del Cauca, coronel José Maria Ortega.
Popayán, 15 de diciembre de 1823.

Después de un penosísimo viaje de tres semanas ida y regreso hasta Pasto en desempeño de la comisión dada por V. S. a nosotros de conducir a los cabecillas de esos bandos un pliego del señor Vicepresidente de la república, en que con las intenciones más paternales les ofrecía amnistía e indulto general si volviendo a las vías del deber deponían las armas y prestaban la obediencia al gobierno, de que se han sustraído acabado de llegar a esta ciudad sin haber logrado otra contestación que el adjunto pliego que acompañamos. En todo el tránsito (exceptuando los pueblos de Timbío y Trapiche en los que se han distinguido los curas en obsequiarnos, y en los que hemos hallado mejor cimentada la opinión), hemos recibido la más uniforme inhospitalidad, bien sea por desafecto a la causa, o bien por el terror que manifiestan aquellas gentes a los insurrectos y muchos bandidos que hostilizan el terreno desde La Orqueta hasta las cercanías de Pasto, a donde apenas hemos llegado a los doce días sin particulares acontecimientos, arribando a El Tablón de los Gómez después de haber recibido la contestación oficial de aquel punto de que podríamos pasar

---

[114] Medina Patiño, Isidoro. Op. Cit. Pág. 88.

libres. Éste nos recibió de modo grosero y desatento, obligándonos a handar (sic) a pie y colocándonos arrestados en una casa muy despreciable con centinela de vista. Al tercero día de nuestro arresto se presentó en el mismo pueblo Estanislao Merchancano, citado gobernador y comandante general de aquella provincia. Allí consignamos el pliego, apoyando por nuestra parte del modo más expresivo la importancia de la favorable ocasión que se les presentaba para salvar el justo castigo con que los amenazaba Colombia, en caso de ensordecerse a sus voces amistosas, pero no hemos recibido otra respuesta que los sarcasmos, insultos y desprecios contra el gobierno, hijos de su ceguedad de su indisciplina y torpeza, protestando hallarse resueltos a morir antes que rendirse a Colombia, de quien no se fían y a quien acusan de criminal, en haberles faltado a lo que se les prometía, acriminando sus quejas particularmente contra el señor general Salom. Por último dijeron que siempre que se les dejaran las armas en Pasto y libres en su gobierno como los somos nosotros en el nuestro no habría hostilidad y entrarían en tratados con Colombia, en lo que no convinimos por ser opuesto a nuestras instrucciones y a la carta de su S.E. Desde aquí regresamos sin más suceso que haber sufrido en la montaña de....., el robo de las ruanas y frenos y el encuentro de seis guerrillas de negros y bandidos, la una de 26 y la otra de cinco hombres cada una, de cuyos insultos nos hemos librado, con manifestarles mucha resolución.

No hemos sabido de Agualongo; un soldado nos aseguró que su fuerza puede llegar a 300 fusiles y algunos 500 hombres vajo (sic) la dirección de Merchancano. Todo esto ponemos en la alta consideración de V.S en cumplimiento de nuestra comisión.

Dios guarde a V.S. muchos años.

Tomás Francisco de Villegas, Fr. Ángel Piedrahita.[115]

La quijotesca respuesta (en ella se pide la rendición de Colombia a un puñado de guerrilleros realistas) que Merchancano dirige al general Santander estaba llena de faltas de ortografía, lo que ha llamado la atención de muchos historiadores que le tenían por hombre culto y versado en

---

[115] Medina Patiño, Isidoro. Op. Cit. Pág. 88-89.

letras al que además, se había escogido para jefe político de la
revuelta pastusa.

> Al titulado Vicepresidente Francisco Santander.
>
> La nota de V. S. fechada en Santa Fe a los 6 días de noviembre nos hacer
> ver los deseos o mejor dize (sic) seducciones que tiene de que Pasto, la
> invencible Pasto, se someta o sujete al infame gobierno de Colombia, mas
> como ésta ha tomado la defensa de los principios de la Religión, no entraré en
> otra negociación, no siendo en la de que Colombia rinda las armas y buelba (sic)
> al rebaño de donde se descarrió desgraciadamente, qual (sic) es la España y sus
> leyes; y de lo contrario tendrán sus hijos la gloria de morir por defender los
> sagrados derechos de la religión y la obediencia al Rey, su Señor natural,
> primero que obedecer a los lobos carniceros he (sic) irreligiosos de Colombia.
>
> Dios guarde a Usted muchos años.
>
> Tablón de los Gómez. Diciembre 7 de 1823.
>
> Estanislao Merchancano.[116]

También intentó el Libertador atraerse a los pastusos y
para ello dictó la siguiente carta a su secretario don José
Espinar dirigida al general Salom, para que mediara ante el
Obispo de Popayán y le pidiera que se entrevistase con los
rebeldes pastusos y les ofreciese una completa amnistía.

> Deseando poner término a los males que afligen a una sección
> interesante de la República de Colombia, cuyos habitantes son reconocidos más
> bien como enemigos de ella que por adictos al sistema español, y deseando al
> mismo tiempo calmar el ímpetu de unas pasiones desenfrenadas que han
> elevado el valor y coraje de aquellos pueblos hasta el grado de desesperación,
> S. E., ha dispuesto que al dignísimo Obispo de Popayán (Don Salvador Jiménez
> de Enciso y Cobos Padilla) se le ruegue se dirija a Pasto a exhortar en nombre
> de la divinidad a los rebeldes y a proponerles una completa amnistía a nombre
> de S. E. y del Congreso de Colombia, con tal de que depongan su furor militar y

---

[116] Medina Patiño, Isidoro. Op. Cit. Pág. 88-89.

se sometan a las leyes de la República, entreguen todas las armas de se hallan en posesión y que tan hostilmente emplean contra sus hermanos.

De consiguiente, es necesario que Usted dipute un comisionado cerca de los jefes de la División enemiga de los Pastos, el cual debe anunciarles la idea del reverendo Obispo con el indulto general que se les ofrece en nombre de Dios y de la humanidad. Conviene recordarles en una proclama la religiosidad con que S. E. el Libertador ha cumplido siempre sus promesas. Se les ofrecerá no ser molestados en cosa alguna, antes bien, serán tratados con toda consideración como hijos predilectos de la República. Se les procurará inspirarles la más grande confianza en unos ofrecimientos que les hace el cuerpo de Representantes de la Nación, por órganos del ilustrísimo Prelado de aquella Diócesis. No se omitirá medio alguno de hacerles deponer su rencor y de invitarles a una fraternal y amigable reconciliación. Por último, Usted, añadirá a este intento todo lo demás que crea conveniente en la seguridad y persuasión de la inviolabilidad de estas promesas. Así todos los convenios que se celebren con los pastusos por el reverendo obispo, serán exactamente cumplidos. Usted instará por su parte al Ilustrísimo señor Obispo de Popayán, para que no tarde en verificar esta misión. Además, facilitará al mismo reverendo Obispo todos los auxilios que necesite para el pronto y mejor desempeño de esta importante comisión.[117]

Dios guarde a Usted muchos años.

Pativilca, enero 25 de 1824.

José D. Espinar.

Ninguna de estos intentos tuvo el efecto deseado sino que posiblemente acentuó el convencimiento de Agualongo y Merchancano de que podían ganar la guerra. Además, no se tiene certeza de que la carta de Bolívar llegara a manos de Merchancano, Agualongo o alguno de los cabecillas realistas. El obispo Jiménez de Enciso no logró entrevistarse con ellos. Días más tarde, el ilustre prelado tuvo noticias acerca de dos importantes jefes guerrilleros, los comandantes Juan José Polo

---

[117] Montezuma Hurtado, Alberto. Op. Cit. Págs. 187-189.

y Joaquín Guerrero que habían sido fusilados por el infame Flores.

Entre los días 6 y 8 de febrero, los partisanos realistas entraron por el ejido hasta la plaza principal de Pasto con el objetivo de tomar el cuartel patriota. Los gritos de ¡Viva la religión! ¡Viva España! y ¡Viva el rey! volvieron a escucharse por las calles de la ciudad. Para las autoridades republicanas era incomprensible que después de tantas luchas y sufrimientos, Agualongo pudiera reclutar más hombres con renovada voluntad para defender su causa. Era una última tentativa de denodada victoria, para dar el golpe final. Quizás no lo habrían intentado, si hubieran calculado los pros y lo contra. Pero al final, nuevamente Agualongo se dejó llevar por su pasión.

Los combates tuvieron lugar en las calles y plazas de Pasto. Atacaron la ciudad por sorpresa, por los ejidos, que Flores había dejado sin cubrir, pues creía que por las campiñas cualquier aproximación a Pasto se haría sin protección y sería fácilmente descubierta. Sin embargo, el coronel Agualongo apareció por los ejidos y combatiendo calle por calle alcanzó la plaza principal y el cuartel de San Francisco donde se entabló el combate más encarnizado que se recuerda, hasta que los asaltantes consiguieron ocupar el parque de los republicanos en el que guardaban la reserva de fusiles y casi toda la munición. La lucha fue salvaje, brutal, con descargas a quemarropa, en las que los cuchillos rebanaban el cuello de sus víctimas o el hierro o la pica atravesaba el corazón de los que suplicaban clemencia.

Los soldados "patriotas", sin tiempo para reaccionar, tomaron posiciones en las calles contiguas para proteger el parque, pero todo su esfuerzo fue inútil. Flores acorralado tuvo que ordenar retirada para reorganizar sus tropas en las afueras de la ciudad dejando Pasto ocupada por los realistas.

Esta conquista no duró mucho. Flores contraatacó en cuanto tuvo ocasión, no quería presentarse ante Bolívar con una nueva derrota y peleó durante tres días con verdadera rabia en las calles y casas de la ciudad, recobrándola para la República y cogiendo más de 200 prisioneros, que fueron fusilados de inmediato. Entre ellos el comandante Nicolás López y el capitán Ramón Astorquiza que fueron asesinados en la plaza mayor en presencia de sus esposas e hijos a los que obligó a presenciar la ejecución. La mayoría de los guerrilleros volvieron a las montañas excepto un pequeño grupo dirigido por el propio Agualongo y algunos de sus oficiales, que resistían dentro de los muros del convento de las monjas concepcionistas dispuestos a vender caras sus vidas. Flores sitió el edificio y exigió la inmediata rendición de los pastusos. Amenazó con tomar el claustro por la fuerza y no se hacía responsable de los desmanes que pudieran cometer sus soldados que podían entregarse a un aquelarre de lujuria y obscenidades con las monjas y las novicias del convento. Uno de los sacerdotes de la vicaría, Aurelio Rosero, se brindó a mediar con Agualongo. Flores aceptó el ofrecimiento, pero se desconoce cómo y cuándo entre las idas y venidas del religioso para acordar las condiciones de la rendición, Agualongo aprovechó un descuido de los republicanos y escapó con todos sus hombres que habían quedado cercados en el monasterio.

Capítulo 11
ACCIÓN DE BARBACOAS

A finales de febrero, gracias a unos desertores, Flores tuvo noticias del lugar en el que los realistas se estaban reuniendo para preparar un nuevo ataque sobre Pasto. El sanguinario coronel no quería correr más riesgos y lanzó un ataque por sorpresa sobre los guerrilleros a los que pilló desprevenidos. No obstante, los sorprendidos milicianos lucharon con un enemigo muy superior en número y pelearon con fiereza como habían hecho siempre. Al final se impuso la ventaja republicana en armamento y hombres y muchos realistas cayeron prisioneros. Flores fusiló a la mayoría y encadenó a unos pocos para que sirvieran de ejemplo a quienes pretendieran levantarse en armas contra la república. Aunque inicialmente se pensó que Agualongo estaba entre los muertos o los arrestados, una vez más, el líder pastuso y sus más leales consiguieron escabullirse de sus perseguidores.

A pesar de que cada vez contaba con menos combatientes y poco experimentados para enfrentarse a los veteranos de Flores y de que varios de sus principales oficiales (Polo, Moreno, y Guerrero) habían caído en manos de aquél y habían sido pasados por las armas, el coronel Agualongo no renunció a la lucha y a la defensa de su ideal. A principios de mayo se le unió la facción del coronel mulato Jerónimo Toro, compuesta en su mayoría por negros e indios, elevando el contingente de Agualongo a más de 300 individuos. A mediados de mes marchó hacia El Castigo, estableció allí un hospital bajo supervisión del comandante Martínez y dejó un pequeño destacamento para el cuidado de los heridos mientras él se dirigía a Barbacoas, rica ciudad minera.

"Concibió entonces el atrevido proyecto de invadir la Costa por el río de Patía, en donde probablemente iría a encontrar grandes recursos, y los auxilios de un corsario español llamado el Brujo que cruzaba en el mar del Sur."[118] Aunque disponía de pocos efectivos, pues la mayoría habían ido cayendo en sus muchos enfrentamientos con los republicanos y que no tenía suficientes armas de fuego para abastecerlos a todos, Agualongo pretendía mantener viva la llama de la causa del rey para apoyar a las tropas españolas que todavía resistían y controlaban una gran parte del Perú. Con los escasos 350 o 400 hombres que había ido reuniendo, sobrevivientes de las partidas dispersas que habían sido destruidas por los independentistas, el coronel decidió asaltar el puerto fluvial de Barbacoas el 30 de mayo de 1824. En Barbacoas había una pequeña guarnición enemiga de unos 100 soldados a las órdenes de teniente coronel Parra, antiguo guerrillero realista pasado a los republicanos, pero en quien no confiaban mucho, y una milicia de 200 lugareños que ayudarían en su defensa en caso de ser necesario. También se encontraba en Barbacoas el teniente coronel Tomás Cipriano de Mosquera, futuro presidente de la república, en aquel momento gobernador de la zona y que en sus "Memorias sobre la vida de Bolívar" da una muy particular visión de lo sucedido, contradicha por el relato de José María Obando como veremos después. El ataque comenzó la noche del 29 de

---

[118] Obando, José María. Op. Cit. Pág. 35.

mayo por el río Telembí y duró varios días según cuenta
Mosquera, quien había recibido informes de sus espías de que
se preparaba el asalto (Mosquera relata que fue una avecilla que
entró por la ventana la que le hizo comprender la inminencia
del ataque). Veamos ambas versiones, en primer lugar la de
Cipriano de Mosquera:

El 29 de mayo estuvo realizada la recaudación de la mayor parte del
empréstito y en la inteligencia que había concluido la guerra en Pasto y que no
teníamos que ocuparnos sino de llevar a efecto las órdenes de marcha del
Libertador, pues casi se infería del parte del Coronel Flores, cuando recibí
aviso que los realistas de Pasto y los del Alto Patía venían por el río de este
nombre a atacarme. Yo tenía solamente en la ciudad 80 soldados veteranos,
pues la mayor parte de la fuerza cubría los puertos de mar. Una anécdota
muy curiosa había ocurrido la noche del 29 de mayo, que me inspiró la idea
de poner la fuerza sobre las armas. A las once de la noche llovía a cántaros,
de modo que mí secretario privado, el de la Gobernación y el de la
Comandancia de Armas, no habían podido volver a la casa. El señor
Manuel Patiño estaba conmigo conversando al lado de la mesa central, cuando
entró volando una avecilla y se deslumbró, sin duda, con las luces, y se
tropezó en su vuelo en mí rostro y la cogí. Era un azulejo de pluma
hermosa y avecilla de canto, que sin duda huyó de alguna ave de rapiña
nocturna. Dije al señor Patiño, la hora y con la lluvia y truenos es de mal
agüero, pero la pluma hermosa es de bueno. ¿Qué diría un romano?; le
corté el ala a la avecilla y la puse con otras que tenía en una jaula al
balcón. Escampó, se retiró el señor Patiño y entraron mis secretarios y
ayudantes. Les referí el hecho y mandé que la tropa se pusiera sobre las armas
y en vela, y a mi guardia de honor le previne que cargase los fusiles y no
diese entrada a nadie sin darme parte y reconocida la persona. A las tres de
la mañana llegó el Capitán Pedro Rodríguez, de las minas del rio de Magüí, a
darme parte de que iba a ser atacado, y como me encontró en vela, creyó que
otro se había anticipado. Llamé a las armas la milicia de la ciudad y a los
esclavos que quisieron enrolarse, ofreciéndoles la libertad a los que se
condujesen bien, y el 30 hice seguir dos lanchas con destacamento a
reconocer al enemigo, y no habían andado un kilómetro cuando lo encontraron,

rompieron el fuego y se replegaron al cuartel que estaba a la orilla del río Telembí, en su confluencia con el Quaqui. Con mucho arrojo me atacaron por agua, pero un tiro de una pieza de a cuatro con metralla despedazó una canoa matando y ahogándose 30 hombres que venían en ella. El enemigo se retiró para emprender el ataque por tierra, tuvo que hacer una trocha para entrar a la ciudad, y el 19 de junio intentó tomar por asalto el cuartel en que me había fortificado. Comenzó el combate a las 6 de la mañana, y a la una fue rechazado con una pérdida de 30 muertos y entre ellos el llamado Coronel Toro. Salí en su persecución con un destacamento, y un soldado Martínez, del batallón Aragón, se pasó, y volviendo la cara, a dos pasos, me hizo fuego y me rompió ambas quijadas y pasó la lengua;[119] tuve que regresar al cuartel a curarme y dispuse que el Teniente Coronel Parra, que había servido en el ejército español, y estaba al servicio, continuase la persecución. Este era uno de los confidentes de los realistas para fomentar la guerra y creíamos en su lealtad. Dijo a la tropa: "nos cortan, regresemos al cuartel", y se fue a unir a los realistas; les informó que estaba yo mal herido y que podía tomarse el cuartel atacándolo e incendiando las casas contiguas al cuartel, edificios todos de madera y cubiertos con hojas de palmas los techos. Un soldado que se vio envuelto entre ellos y prisionero, le dijo a Agualongo que él se había pasado y le recordó que había estado con él en la acción de Yaguachi en el batallón Constitución, y lo acogió Agualongo. Como oyese el plan de volver a atacar e incendiar la población, se ofreció a regresar al cuartel e incendiar el techo del cuartel, como deseaban. Regresó con este ofrecimiento y me impuso de todo. Yo tenía que escribir las órdenes en una pizarra porque no podía hablar, y sin poder contener la hemorragia. A las dos de la tarde fue nuevamente atacado el cuartel e incendiada la ciudad. Hice quitar la cubierta de paja del cuartel echándola a tierra, y viendo que se incendiaba la iglesia matriz, mandé sacar la custodia y el copón con el Sacramento, con un oficial; al llegar al cuartel le hice hacer los honores y escribí en la pizarra: "Dios está con nosotros, somos invencibles". Produjo un efecto admirable. El enemigo perdió como 140 muertos, en los días 30 de mayo y 19 de junio. Fue derrotado a las cinco de la tarde, y en la persecución de esa noche y el 2 de junio se tomaron 33 oficiales prisioneros y 150 de tropa.

---

[119] Quedo completamente desfigurado de por vida y con dificultad en el habla. Por eso le apodaron el Mascachochas.

Nuestra pérdida fue de 13 muertos y 18 heridos, incluso yo. Jamás en mi vida militar he tenido un combate como aquél. Las llamas del incendio con el humo se elevaban a los cielos con una horrible belleza, y los lamentos de la población al estampido de las maderas que se reventaban, y el ataque del enemigo era un cuadro muy particular que tengo aún grabado en mi mente. Los 33 oficiales los mandé pasar por las armas por incendiarios, y hecho prisionero después Parra, fue juzgado y pasado también por las armas. Con esta función de armas concluyó la guerra de Pasto y si no pude seguir por mis heridas, sí mandé los fondos colectados y la tropa que debía seguir.[120]

El futuro general José María Obando, que como ya hemos mencionado había alcanzado el grado de teniente coronel del Ejército Español y después se pasó a los insurrectos, describió lo ocurrido de forma muy crítica con Mosquera por cuya incompetencia, la ciudad fue reducida a cenizas.

El Gobierno supremo había dispuesto encargarme del mando de operaciones de la línea del Mayo, y ya desempeñaba este destino, cuando por mis espías supe el proyecto de Agualongo, quien se preparaba en Taminango para efectuarlo, di parte de ello a Pasto y a Popayán para que se diese aviso a Barbacoas,[121] y por mi parte me preparé para cortarle luego que se embarcara, como lo verifiqué ocupando el Castigo. Por fines del mes de mayo, Agualongo hizo su ataque a Barbacoas con 200 hombres, aquellos habitantes hicieron heroicos esfuerzos para resistirle, la ciudad fue reducida a pavesas y se perdieron muchas fortunas, pero la constancia de los barbacoanos los hizo al fin rechazar al invasor y triunfar.

Tomás Cipriano de Mosquera era el gobernador de aquella provincia, otro cualquiera habría adoptado un plan de defensa capaz de evitar la ruina de la ciudad, pero entregó la resistencia a las casualidades y a los esfuerzos de los vecinos apoyados en un piquete de veteranos, y sin tomar medidas ni disposición alguna que hubiese puesto a cubierto la ciudad, se encerró en una casa en donde, por fortuna de los vecinos, un balazo en los carrillos le aturdió

---

[120] Cipriano de Mosquera, Tomás. Op. Cit. Págs. 470-472.
[121] Parece que no fue la avecilla que entró por la ventana la que avisó a Mosquera.

desde que empezó el fuego para que otro pudiese hacerse cargo de la defensa. El comandante Asunción Farrera y los valerosos vecinos lo hicieron hasta obtener la victoria. Después de alcanzada y cuando restableció su razón, empezó Mosquera a expedir órdenes de matanza contra los habitantes del río de Patía porque no habían hostilizado a Agualongo al pasar, y conforme a ellas fueron asesinados como treinta vecinos pacíficos tomados en sus casas, y sin más fórmula de juicio que la orden de Mosquera.

Era preciso aprovechar esta coyuntura para vengarse de sus malquerientes, y como si no fuese tanta ruina ocasionada por su impericia, impuso al arruinado vecindario una contribución de 30.000 pesos. Los vecinos reclamaron al Gobierno Supremo, éste pidió informe a Mosquera, y él para salirse con la suya, calumnió al vecindario, informando falsamente que los vecinos habían llamado a Agualongo. La contribución se llevó a efecto.

Una curiosa visión es la del viajero inglés coronel Hamilton, quien visitó la región algunos años más tarde y supo de lo sucedido por boca del propio Mosquera.

El coronel Mosquera llevaba el rostro vendado por consecuencia de la grave herida que le causara un disparo de mosquete cuya carga, entrándole por la boca, le saltó dos dientes y le atravesó la mejilla cuando arengaba a sus hombres al atacar la guerrilla del famoso coronel indígena Agualongo, quien por espacio de tres o cuatro años venía adelantando campaña de depredación y saqueo en la provincia de Pasto. En la ocasión que se menciona, el guerrillero había lanzado un corajudo ataque contra Barbacoas en la provincia de Buenaventura, en la esperanza de apoderarse del oro allí almacenado, proveniente de las minas circunvecinas, con el objeto de remitirlo a Bolívar, entonces en el Perú, para el racionamiento de su ejército. Narraba el coronel Mosquera que, informado de que Agualongo se aprestaba a asaltar la población de Barbacoas, situada en la ribera izquierda del río Falcombe, se apresuró a adelantar preparativos para la defensa de la plaza, alentando, además, con su presencia la reducida aunque valiente guarnición acantonada en ella. Barbacoas es una pequeña población y el valle del Patía, donde se halla situada, se tiene por uno de los lugares más insalubres de Colombia, al punto de que los forasteros que han tenido que cruzarlo, rara vez han escapado al contagio de las fiebres intermitentes. El día de su llegada a Barbacoas, el coronel recibió noticia de que Agualongo se proponía atacar el pueblo al amanecer del día siguiente y, que para tal efecto, había reunido buen número de canoas para el transporte de sus tropas río abajo. El coronel trasladó su campamento con gran secreto a una gran casa cuadrangular, en cuyos muros hizo abrir troneras para el tiro de los soldados, al propio tiempo que ordenaba desempajar la techumbre para evitar que se prendiera fuego al edificio. Por toda artillería contaba con una pequeña pieza de montaña servida por cuatro artilleros. Junto con éstos, cuarenta soldados y algunos habitantes del lugar componían la guarnición del fortín, decidida, eso sí, a defenderse desesperadamente, seguros como estaban de no recibir cuartel por parte de Agualongo, si se rendían.

Como se esperaba, Agualongo, al romper el día, bajó el río con sus tropas reforzadas de camino con 200 esclavos negros, quienes habiéndose fugado de las minas de oro, abrigaban la esperanza de participar en el botín que se tomara en Barbacoas. Agualongo lanzó su primero y furioso ataque contra la casa que el coronel Mosquera había abandonado durante la noche, pues, según le informaran sus espías, el coronel todavía paraba allí; mas, apenas se dio cuenta del error, emprendió inmediatamente el asalto de la casa cuadrada donde halló una fogosa y tensa resistencia, batiéndose los defensores con indomable valor, estimulado por la sangre fría e intrepidez del coronel. El fuego continuo de la guarnición mató e hirió tantos hombres de las tropas asaltantes, que Agualongo se vio obligado a ordenar la retirada. No bien hubo observado el coronel este movimiento, cuando con denodado arrojo se lanzó del fuerte a la cabeza de sus hombres para hostigar la retirada al enemigo; y fue precisamente en estos momentos cuando recibió en la boca la bala de mosquete disparado por un pastuso que volvió cara al retirarse haciéndole puntería deliberadamente. Un español que militaba como oficial con las tropas colombianas, al ver al coronel aparentemente herido de muerte, desertó para alcanzar a Agualongo y darle noticia de lo ocurrido, con lo cual renovó éste el ataque contra la casa, prendiendo fuego simultáneamente a todas las viviendas que la circundaban. Aunque herido de tanta gravedad, el coronel Mosquera arengaba a sus hombres en la lucha y consiguió derrotar nuevamente a Agualongo, quien tuvo que dejar 100 muertos tendidos en el patio frontero de la casa. Y fue gran suerte para los defensores esta segunda retirada en momentos en que ya habían agotado casi todos sus pertrechos. Del lado del coronel Mosquera hubo cuatro muertos y unos pocos heridos pero, aun así, su situación no era envidiable, como que quedó rodeado de ruinas humeantes, con una grave herida y sin un médico que asistiera a él ni a sus soldados.

Cerca de tres semanas transcurrieron antes que pudiera llegar de Popayán el cirujano inglés Mr. Welsh, a examinar la herida de Mosquera, la que encontró en estado desastroso, si bien un sacerdote había podido aplicarle fomentos y extraerle algunas partículas de hueso. A pesar de todo, la recia constitución del coronel fue gran parte a acelerar su curación y si ya podía hablar le era empero difícil...

...El ataque a Barbacoas fue el último esfuerzo de los pastusos por la causa del muy querido rey Fernando. Esperaban, al obtener el triunfo en este asalto, conseguir la sublevación de los miles de esclavos negros que trabajaban en las minas de oro de Buenaventura y del Chocó y, con tal refuerzo, marchar sobre Quito, efectuando en tal forma un movimiento de diversión favorable a los españoles que luchaban en el Perú.[122]

Es evidente que esta heroica versión de los hechos es la que contó Mosquera a Hamilton. Difícilmente podía arengar a sus tropas con la mandíbula inferior rota y la legua casi cercenada por un disparo. En el relato de Mosquera, él mismo comenta que daba las órdenes escribiéndolas en una pizarra. Está claro que después de su herida no pudo hacer nada según explica Obando.

Como hemos visto, el coronel mulato Jerónimo Toro murió en la refriega. El teniente coronel Parra fusilado porque según Mosquera se había vuelto a pasar a los realistas. La ciudad completamente destruida y los guerrilleros puestos en fuga. Como en otras ocasiones, los milicianos de Agualongo derrocharon admirable valentía y arrojo. Calcularon mal sus posibilidades o puede que sobrevaloraran sus fuerzas, pero el desprecio a la muerte demostrado confirmaba que su lema seguía siendo la victoria o la muerte. La derrota supuso una verdadera catástrofe para las huestes de Agualongo. Había

---

[122] Hamilton, John Potter. *Viajes por el interior de las provincias de Colombia.* Parte 6. Imprenta del Banco de la Republica. Bogotá. 1955. (Reimpresión).

perdido a uno de sus más fieles seguidores, el coronel Toro, y entre bajas y prisioneros había dejado en los combates aproximadamente 200 hombres. Volvió nuevamente a la región del Patía por la misma ruta que había seguido para llegar a Barbacoa, por el pueblo de El Castigo, teniendo que abandonar sus planes de controlar la costa. Se dictó orden por las autoridades colombianas de que fuera muerto por quien se topase con él. Se había convertido en el principal problema y enemigo número uno de la república. Por el camino envió un mensajero al comandante Martínez que había quedado vigilando el hospital en El Castigo con el siguiente oficio. Ignoraba que Martínez y todos los heridos que estaban con él habían sido hechos prisioneros y muchos fusilados. El correo fue capturado por los "patriotas" que se apoderaron del escrito.

Cumbachira, 8 de junio de 1824. Comandancia de Telembí.
Al Señor Comandante Martínez:

Desde el 30 del pasado ataqué al enemigo desde las vueltas que llegan a Playa Grande en donde tuve la suerte de tomarle tres buques, doce fusiles, un latón, una espada, algunos paquetes de cartuchos , los que sirvieron a ellos mismos, alguna carne y arroces, y algunos trastajos de ropa, la que disfrutó nuestra valiente columna.

El día 10 del que nos rige atacamos al enemigo con valiente entusiasmo, entrando nuestra columna por caminos intransitables por tierra a la de Barbacoas, y por agua mandé otra corta columna al mando del coronel don Joaquín Enríquez, las que obraban de una y otra parte en un mismo tenor, pero aunque se hizo una carnicería de enemigos no pudimos forzar sus parapetos por estar muy esforzados, que aunque más trabajó nuestra valiente tropa, jefes y oficiales, desde las 10 del día se rompió el fuego hasta las 4 de la tarde, y quedándonos pocos pertrechos, tuve a bien retirarme con el honor que acostumbran las tropas militares, sin haber perdido más que diez hombres[123] entre paisanos y tropa nuestra, pero para esto tuvo que volverse en cenizas todo

---

[123] Las cifras de muertos y heridos varían notablemente dependiendo de la fuente.

el pueblo, por cuyo motivo anticipo éste a usted, para que me tenga juntas seis reses de buen tamaño en el Guadual para racionar doscientos hombres, en Nachao otras tantas, y así sucesivamente hasta que me encuentre con usted, y debiendo acopiar plátano, arroz y toda raíz que se pueda, sin tocar 5 cabezas de Policarpo Angulo, que es el que se ha portado en su oficio con honor.

Las caballerías estarán puestas en Nachao, que luego que llegue a Guadual oficiaré a usted para que se ponga el día citado en el Alto. Avíseme de lo que ocurra por esos lados.

Dios guarde a usted muchos años.

Agustín Agualongo.[124]

Pero la suerte del coronel Agustín Agualongo estaba echada. Su antiguo compañero de armas, Obando, iba en su persecución y no cejaría en su empeño hasta "cazar su presa".

---

[124] Elías Ortiz, Sergio. Op. Cit. Págs. 357-358.

Capítulo 12
CAPTURA Y MUERTE DE AGUALONGO

C uenta Obando en sus "Apuntamientos para la Historia," cómo capturó al gran caudillo realista, al que tendió una emboscada en el pueblo de El Castigo el 25 de junio de 1824. "Le dejé llegar al pueblo de El Castigo en donde le sorprendí el 24 de junio de 1824. Al día siguiente cayó en mis manos".[125] Enseguida lo comunicó a su jefe en Popayán el coronel Ortega a quien describió cómo había sido el arresto.

Alto de El Castigo, 28 de junio de 1824
Señor coronel José María Ortega:
El 23 a las doce del día tomé esta altura, al mismo tiempo que descubrí al enemigo que venía de Nachao al pueblo de El Castigo. Era conveniente dejarlos llegar, permanecer oculto y atacarlo el mismo día, porque una hora habría bastado para perder el tiro. Dispuse que el capitán Córdoba con 80 hombres bajase por una quebrada que favorecía su marcha, y atacase el pueblo, y yo con 46 hombres acercarme por la altura a apoyar la operación. Luego que me descubrí, se pusieron en retirada, hice cargar al trote a Córdoba y se derrotaron. Una lluvia y el bosque no dejaron que todos cayesen en mis manos. Pernoctó Córdoba en Nachao, el 24 salieron partidas a todas direcciones, y logré la

---

[125] Obando, José María. Op. Cit. Pág. 36.

aprehensión del incendiario de Barbacoas, el general[126] Agualongo, el coronel Joaquín Enríquez, el capitán Francisco Terán, el capitán abanderado Manuel Insuasti, 12 hombres, 12 fusiles, 1 caja de guerra, y la bandera de sangre, están en mi poder.

Protesto a usted que la mayor parte, o el todo de este buen éxito es debido a la audacia y precauciones del capitán Córdoba. Yo recomiendo mucho su comportamiento como el de igual clase Romualdo López y teniente Domingo Torres. Me he atrevido a ascender al sargento segundo Eustaquio González a sargento primero, a los cabos primeros Andrés Ruiz y Pedro Quiñones a sargentos segundos por conducta atrevida. El número de enemigos era de 87, en Guadual han quedado otros. Todos han ser prisioneros o morirán de hambre.

Aquí dejaré 60 hombres cogiendo estos restos miserables y mañana seguiré para Mercaderes, en el Trapiche fusilaré al coronel Enríquez y a los dos capitanes y llevaré a esa al general para que el gobierno le haga las averiguaciones que creo son importantes.[127]

Dios guarde a usted.

José María Obando.

Al contrario de lo que expresa Obando en el anterior escrito, en los "Apuntamientos" (escrito algunos años después de estos luctuosos sucesos) manifiesta que es Ortega quien ordena fusilar a Enríquez y a los otros oficiales mientras que él trata de que se indulte a Agualongo al que rinde palabras de homenaje y consideración por el gran enemigo que ha sido. Hemos de suponer por tanto, que desistió de sus iniciales intenciones de fusilar en Trapiche al coronel Enríquez, al oficial abanderado y al otro capitán.

Con él (Agualongo) hice prisioneros al coronel Enríquez, a un comandante, un abanderado, otros oficiales subalternos y más de ciento de tropa. Indulté y puse en libertad a los subalternos y a la tropa, conservé

---

[126] Suponemos que le llama general por ser el máximo jefe.
[127] Montezuma Hurtado, Alberto. Op. Cit. Págs. 213-215.

solamente a los cuatro primeros por su categoría, y yo mismo los conduje presos hasta ponerlos en Popayán a disposición del comandante general José María Ortega, que haciéndolos juzgar por el decreto contra conspiradores, los fusiló en la plaza de Popayán.

Hice los mayores esfuerzos porque fueran también indultados, por el respeto e interés que me inspiraba un guerrero valiente y generoso, cuyas hazañas y moderación había presenciado yo en aquella larga y obstinada guerra. Todo es relativo en este mundo y Agualongo había sido demasiado grande en su teatro, tanto por su valor y constancia, como por la humanidad que había desplegado en competencia de tanta atrocidad ejercida contra ellos. Yo pude haber manchado mis manos con la sangre de aquellos desgraciados en un tiempo en que era mayor el lucimiento cuanto era mayor la matanza, pero no quise igualarme a los bárbaros que hasta hoy se jactan de haber bebido la sangre del hombre rendido.[128]

Se ha hablado mucho sobre la bandera que ondeaba la guerrilla de Agualongo y los colores de la misma. Montezuma Hurtado se inclina por los colores de la bandera actual de España, en aquel tiempo todavía sólo enseña de la Armada Real y se refiere a ella con estas palabras.

Valga, pues, aclimatar la creencia de que fue Manuel Insuasti el militar rebelde a quien cupo la suerte, bastante negra y dolorosa para un guerrillero veterano como él, entregar la "bandera de sangre", última insignia y poco menos que fúnebre, de la resistencia monárquica, no vale la pena dudar que fue la misma que Agualongo llevara consigo en otra jornadas memorables. Se verían extraños, un poco solitarios a pesar de su fiel compañía, y desde luego descoloridos, en las tierras desiguales y bien llamadas de El Castigo, el gualda y el rojo de tantas leyendas inmarcesibles y de tanta grandeza en mundos donde no se puso el sol. Y acaso estarían rotos, apenas recosidos, formando un emblema adecuado, ya insustituible para ochenta y siete sujetos desfallecientes, condenados también a una ruptura definitiva con su esperanza.[129]

---

[128] Obando, José María. Op. Cit. Pág. 36.
[129] Montezuma Hurtado, Alberto. Op. Cit. Págs. 215-216.

Una vez apresado Agualongo, Flores quiso resarcirse de tanta humillaciones infringidas por el líder guerrillero. Sediento de sangre, quería llevarse la "gloria" de ser él quien fusilara a una leyenda como Agualongo. Sería un mérito importante para su carrera militar. Cuando ya se estaban juzgando a los presos en Popayán, llegó una comisión enviada por Flores para que se le remitieran a Pasto los detenidos y que el espectáculo de su ejecución tuviera lugar en Pasto. La carta que traía la comisión decía lo siguiente:

Pasto, julio 3 de 1824.

Al señor Intendente del Cauca.

Acabo de recibir en este momento comunicación del comandante Obando, en la que me da parte de la muy interesante y gloriosa aprehensión que ha hecho en el punto de El Castigo, del corifeo de la rebelión de Pasto, Agustín Agualongo, y otros consocios suyos.

En el mismo aviso me advierte de conducirlos a esa intendencia a disposición de V. S., y creo un deber mío hacer una reclamación de esos memorables personajes, primero porque siendo los héroes de la maldad que han representado en esta ciudad y su cantón execrable farsa que inventaron en ella, por último desenlace de la escena deben ser heridos con la espada de la justicia, no tanto para su castigo sino para la importante impresión que debe obrar la vista de su suplicio en los ánimos de los demás y que se destierre de ellos toda levadura de sedición. Segundo, porque existen motivos urgentes de indagaciones de consecuencia que sería difícil evacuarlas a distancia. Tercero en fin porque entre otras razones que omito para no ser molesto a V. S., la estúpida malignidad de muchas personas da por falsa la presa de esos genios de la iniquidad y turbulencia, y quiero que para sofocar de una vez tan necia incredulidad y para colmo de su amargura tengan con su aspecto una prueba irresistible, cual es la inspección ocular.

En conclusión, debo, pues, pedir a V. S. se sirva remitirme a la brevedad posible a esos hombres con la escolta suficiente para su seguridad y al cargo de un oficial de su confianza, por no ser acto (sic) al intento el que conduce esta comisión, en la inteligencia de que yo haré se reciban en la línea del Juanambú.[130]

    Dios guarde a V. S.

    Juan José Flores.

La misiva nos da una idea de las cualidades de un personaje tan deleznable como el coronel Flores. Menos mal que Ortega se negó a tal pretensión alegando que los prisioneros habían sido detenidos en su jurisdicción y era allí donde se debía dar el escarmiento.

Si hubiera aceptado la petición de Flores, los cautivos, además de ser fusilados, habrían sufrido toda clase vejaciones y humillaciones por parte del vengativo coronel. La respuesta de Ortega no se hizo esperar:

Para contestar el folio de V. S. de fecha 3 del corriente, que acabo de recibir, en que reclama a los facciosos Agualongo, Enríquez, Terán e Insuasti sólo debo decir a V. S. dos cosas, primera, que habiendo sido hechos prisioneros por una partida de las tropas del Cauca y en su territorio, la Comandancia General de él es la que debe conocer de su causa, y segunda, que siendo su castigo tan público como debe ser, no sólo escarmentará a los facciosos de Pasto, sino a todos los que sean enemigos de la libertad. Si V. S. tenía motivos urgentes para indagaciones de consecuencia, pudo con la partida que condujo este pliego de V. S. haberlos manifestado a esta Comandancia General, quien con el mismo interés de V. S. habría tratado de descubrir la verdad.[131]

    Dios guarde a V. S.

    José María Ortega.

La negativa de Ortega a entregar a Agualongo a Flores no calmó sus instintos asesinos. El siniestro coronel republicano se sumió en una orgía de sangre por toda la región

---

[130] Montezuma Hurtado, Alberto. Op. Cit. Págs. 222-223.

[131] Montezuma Hurtado, Alberto. Op. Cit. Págs. 224-225.

de Pasto cobrándose en vidas de inocentes su frustración. Los secuaces de Flores, con la excusa de acabar con todo atisbo de sublevación realista, se inventaban supuestas acusaciones de traición y conspiración para cometer toda clase de desmanes con la anuencia de su aciago jefe.

Pero cuando no se derramaba la sangre humana en estas batallas imaginarias, se hacía matanzas frías de toda edad y sexo en el pueblo del Monte, en Cujacal, y en los alrededores de Pasto por el zambo Rafael Espejo, desertor de los facciosos, y acogido y premiado por Flores como instrumento de horror. En el Ingenio, en Cunchuy, en Pupiales, Catambuco, y otros puntos por el facineroso Apolinar Morillo (puñal afilado de siniestros ambiciosos), por el comandante Juancito (inglés) en la misma plaza de Pasto, y por esa turba de asesinos que talaban los campos y hacían gala de pasear el estandarte de la muerte de un ángulo a otro de aquella provincia, bajo la dirección de su "digno" jefe.[132]

En el camino en que Agualongo y sus hombres fueron conducidos a Popayán, el pastuso pidió a Obando (éste había sido oficial realista y compañero de armas de Agualongo antes de pasarse a los independentistas) el indulto para su segundo el coronel Estanislao Merchancano que no había sido apresado y aún continuaba oculto en las cercanías del pueblo de la Cruz. Obando accedió a la petición y le concedió el perdón. Agualongo le escribió una nota con la concesión del indulto en la que le pedía que se entregara en Popayán y no fuera a Pasto. Merchancano prefirió meterse en la boca del lobo ya que su familia residía en Pasto y confiaba en la palabra dada. El hipócrita de Flores le acogió amigablemente y le trató con cortesía, incluso mantuvo con él diversas reuniones como prueba de que las diferencias que pudiera haber entre ellos se habían olvidado. El plan que Flores tenía preparado para asesinar al coronel realista lo puso en práctica después de una

---

[132] Obando, José María. Op. Cit. Pág. 37.

cena que compartieron juntos. Obando relata así el final de Merchancano.

Una noche, que había hecho durar la conversación hasta tarde, después del café de costumbre, se despedía Merchancano para recogerse en su casa. Flores, manifestándole temores de que le sucediese algo en el camino, le obligó a aceptar la compañía de un tal capitán Vela (español que vivía en casa del mismo Flores), y se fueron juntos. Al pasar por la plazuela de San Sebastián, Vela desenvainó su machete, cortó la cabeza a Merchancano, y... asunto concluido.

La esposa de Merchancano, viendo que eran las 11 de la noche, y que no había ido su marido, salió cuidadosa para la casa de Flores en busca de él, pasando por la plazuela, tropezó contra un hombre que yacía tendido en el suelo, pidió en la vecindad una luz para reconocer, y... ¡era el cadáver de su esposo! Los gritos de desesperación de esta infeliz madre de tantos hijos, y el consiguiente escándalo del vecindario, obligaron a Flores a poner preso a Vela con grillos, luego, inexorable, lo puso en capilla para fusilarle, pero luego, atento y compasivo le perdonó a instancias de las comunidades religiosas, y generoso y magnánimo le destinó a mandar tropas en cuyo servicio murió después. Algunos religiosos me han informado que Flores mismo les pidió que fuesen en comunidad a suplicarle que no fusilase a Vela, pero lo cierto es, que Vela asesinó a Merchancano, y que Vela no fue castigado, sino antes bien, premiado con el mando de tropas.[133]

Cuando la comitiva entraba en Popayán, la gente se agolpaba para ver al legendario caudillo que tantos quebraderos de cabeza había dado a la naciente república. Alguien de la muchedumbre preguntó "¿Es aquel hombre tan bajito y tan feo el que nos ha mantenido en alarma durante tanto tiempo? Sí contestó Agualongo, taladrándolo con la mirada feroz de sus grandes ojos negros. Dentro de este cuerpo tan pequeño se alberga el corazón de un gigante."[134]

---

[133] Obando, José María. Op. Cit. Pág. 38.

[134] Hamilton, John Potter. Op. Cit. Parte 6.

La farsa de juicio contra Agualongo se abrió en Popayán. Se formó un tribunal militar que en doce días, sin tiempo prácticamente para interrogatorios, sin comparecencia de testigos o la presencia de un abogado defensor que pudiera por lo menos apelar las condenas, dictó sentencias condenatorias para todos los encausados por el delito de conspiración contra la república. Al escuchar las sentencias de muerte, Agualongo se puso en pie y dirigiéndose a sus verdugos les comentó solemne:

"De la tierra en que yo muera, surgirá como una espiga, roja y negra, de la pólvora y la sangre, mi bandera."

Acusarle de crímenes o asesinatos habría sido una ironía cuando todos los miembros de tribunal habían cometido durante la guerra muchas más atrocidades de las que pudiera haber cometido Agualongo si es que cometió alguna. Durante el juicio se habló de las bondades de la independencia a lo que Agualongo respondió ""independencia sin libertad no quiero, un pueblo que oprime a otro pueblo no puede ser libre."

El 12 de julio de 1824, los condenados entraban en capilla. Se intentó por muchos oficiales republicanos y algunos prelados que jurara lealtad a la Constitución de Colombia a cambio de su vida. Además se le conservaría su grado de coronel en el ejército republicano.

Y es aquí donde se reflejan las cualidades y virtudes morales de éste héroe que prefirió la muerte antes que renunciar a la religión, y a la patria y al rey que tanto amó, pero a los que nunca vio y nunca vería. Un rotundo no fue la respuesta.

El indio Agualongo había obtenido el mando de los pastusos tan sólo por su bravura, espíritu emprendedor y habilidad en la guerra de montaña contra los colombianos, y más tarde como recompensa a sus servicios, la corte española le confirió el grado de coronel, cuyo uniforme lucía en ocasiones solemnes. Pocos hombres que hubieran mostrado semejante constancia, tenacidad y celo en la lucha por la causa del rey español, habrían tomado este partido con la convicción profunda de que peleaban por su legítimo soberano y por la religión de su patria.

Oí decir que, en ocasiones, Agualongo se había mostrado generoso y benévolo con sus prisioneros y que a menudo, había frenado enérgicamente los feroces instintos de sus soldados, en su mayor parte indígenas de la montaña y negros escapados de las minas del sur.[135]

En el momento de ser llevado ante el pelotón de ejecución, pidió que se le permitiera vestir el uniforme de coronel del ejército español, y Ortega, el gobernador de Popayán, rendido a la bizarría de aquel sencillo indio pastuso, le concedió la gracia. Ante las armas asesinas, luciendo su flamante uniforme, se le ofreció una vez más la salvación a cambio de quebrantar su juramento de lealtad al rey de España y se le prometió nuevamente que conservaría su grado con todos los honores y prebendas que le correspondieran. Una vez más la respuesta de Agualongo fue la de un hombre valiente, fiel a sus ideales y leal al juramento que había realizado: "Si tuviera veinte vidas, estaría dispuesto a inmolarlas por la religión y por el rey de España."[136]

Como quiera que sea, lo que hay de cierto en este último paso del incomparable caudillo, digno intérprete del alma de su pueblo, y lo que conservó la tradición payanesa con admiración y con respeto es que Agualongo, frente a la escolta de la ejecución, pidió para él y sus compañeros la única gracia que podía pedir un hombre de su temple: que no se le vendara porque quería morir cara al sol, mirando la muerte de frente, sin pestañear, siempre recios, como su suelo y estirpe. Y así se les concedió y cuando a la voz de ¡fuego! las balas destrozaron los cuerpos de los últimos defensores de España en América,

---

[135] Hamilton, John Potter. Op. Cit. Parte 6.

[136] Hamilton, John Potter. Op. Cit. Parte 6.

salió terrible, de los pechos abatidos, como un trueno, el grito de lealtad y de guerra: ¡Viva el rey![137]

Moría el hombre pero nacía el mito.

Con una breve nota comunicó Ortega al Secretario de Guerra y Marina las ejecuciones llevadas a cabo.

> Popayán, 17 de julio de 1824.
>
> Al Secretario de Guerra en los despachos de Guerra y Marina.
>
> El 13 del corriente han sido ejecutados los facciosos Agustín Agualongo, Joaquín Enríquez, Francisco Terán y Manuel Insuasti. Sin embargo que la publicidad y multiplicación de sus crímenes era bastante para haberlos fusilado en el momento, se les siguió causa conforme al último decreto contra conspiradores y aplicó la pena que en él se indica. Aunque en el dictamen para sentencia se separa el Asesor de la pena capital que impone el decreto citado a los oficiales conspiradores de mayor complicidad, yo por el mérito de la causa manifestado por el mismo Asesor y porque los he encontrado por la misma razón convictos y confesos, les apliqué la última pena.
>
> José María Ortega.[138]

Según el historiador Montezuma Hurtado, cuando Fernando VII tuvo noticias de las hazañas de este valiente indio Pastuso, emitió una Real Cédula por la que le concedía el empleo de General de Brigada de los Reales Ejércitos. Si esto fuera cierto, Agualongo sería el primer indio que alcanzó el grado de general de una nación Europea. No obstante, según igualmente el mismo historiador, la cédula nunca llegó a manos de Agualongo.

No era explicable que a la Península no llegaran noticias de Agualongo; en qué extensión y detalle no se sabe, pero tardíamente, y tarde también se reconocieron sus méritos. Al hablar de su fin, un cronista pastuso anotó que

---

[137] Elías Ortiz, Sergio. Op. Cit. Pág. 364.
[138] Montezuma Hurtado, Alberto. Op. Cit. Págs. 230-231.

"por ironía de la suerte, cuando estaba en capilla en Popayán, llegó a San Juan de Pasto la Cédula Real que le confería el grado de General de Brigada, tardía e inútilmente expedida por don Fernando Séptimo en Aranjuez".[139]

---

[139] Montezuma Hurtado, Alberto. Op. Cit. Págs. 235-236.

Capítulo 13
EL FINAL DEL PASTO REALISTA

D esaparecido Agualongo sólo quedaron algunas partidas realistas que poco a poco fueron eliminadas. La del comandante Calzón fue desbaratada en Gualmatán. La del teniente coronel Canchala destruida en Siquitán. La de los comandantes Rebelo y Calderón destruida en Cumbal, y así todo foco de resistencia realista, las últimas llamas de la voz de España en América se fueron apagando.

Pasto estaba totalmente en ruinas tras la victoria republicana. Su principal paladín había sido ejecutado y la ciudad estaba desolada con la noticia. Todas sus esperanzas rotas. Sus medios de vida, principalmente agrícolas, con profusión de artículos y productos básicos para la subsistencia o el trueque en la propia urbe o con poblaciones vecinas, habían desaparecido. La mortandad entre sus habitantes era enorme. Especialmente entre la población masculina en edad de trabajar. Los que seguían en Pasto estaban marcados por las heridas de la guerra. Hambre, enfermedades, lisiados, etc.

La ganadería era inexistente. Las requisas para alimentar a las tropas habían hecho desaparecer la otrora importante fuente de riqueza. Los pequeños talleres artesanales, que habían sido el sostenimiento de muchas familias con escasos recursos, habían dejado de funcionar al carecer de materias primas. La población había disminuido de forma considerable, había una desproporción entre el número de mujeres y niños y el número de hombres. Era raro no encontrar a alguien cuya familia no hubiera sido azotada por el "látigo" de la guerra. Todo el mundo había perdido a un padre, a un marido o a un hijo que un día salieron de sus casas para luchar por España y el rey y jamás regresaron. A todo esto había que añadir el abatimiento de sentirse derrotados por el nuevo sistema republicano que ni comprendían ni deseaban.

En Octubre de 1825, Obando es designado por los dirigentes de la república Gobernador y Comandante de Armas de la provincia de Pasto. Inicialmente Obando rechazó el nombramiento, pero fue obligado a aceptarlo por orden del vicepresidente Santander y tuvo que hacerse cargo de su nuevo destino el 8 de marzo de 1826. Hasta la llegada del nuevo Gobernador, las ejecuciones sumarísimas de antiguos realistas o sospechosos de colaboracionistas no habían cejado. Los soldados republicanos asentados en la región recorrían la zona saqueando y robando, ejerciendo el derecho de conquista sobre su propio país. La ciudad que encontró Obando a su llegada no era ni la sombra de lo que fue. El ganado había desaparecido, los alimentos escaseaban y lo poco que quedaba se utilizaba para dar de comer a la tropa. Muchas viviendas estaban en ruinas y a otras tantas se le habían quitado la techumbre de madera para obtener leña ya que todo el mobiliario había terminado en las hogueras para calentar a la soldadesca. Casas e iglesias derruidas o casi destruidas, huecos en las paredes provocados por balas de fusil y cañón y los terrenos para la siembra arrasados.

Para terminar con todas estas iniquidades y aliviar el sufrimiento de los vecinos de Pasto, Obando fue conferido con plenos poderes y dio órdenes severísimas. Cualquier hurto o robo o menoscabo de la población, sería castigado con la muerte. Obligó a los saqueadores a devolver todo lo que habían sustraído y publicó un indulto general para todos los habitantes de Pasto con el fin de devolver la tranquilidad a la ciudad. Mandó a los soldados a trabajar los campos en compañía de los pastusos y con ello consiguió que con el paso del tiempo se enterrasen antiguos odios y los pastusos lentamente fueran aceptando el nuevo orden republicano.

Aun así, hubo partidas de realistas recalcitrantes que continuaron la lucha hasta el final. De una manera u otra (indultos, emboscadas, etc.), Obando acabó con todas ellas y trajo por fin la paz a la región.

El odio de Bolívar hacia los pastusos no terminó con la pacificación de Pasto. Las anotaciones que escribió en su diario el oficial francés Luis Perú de Lacroix, quien sirvió a las órdenes de Libertador en la campaña emancipadora, demuestran cuáles eran las opiniones de un genocida como Bolívar hacia los pastusos.

> Se debe destruir a los pastusos. Usted sabe muy bien que mientras exista un solo rebelde en Pasto, están a punto de encallar las más fuertes divisiones nuestras, y tendremos que destinar constantemente un respetable cuerpo de tropas hacia esa parte, el que nos agotará los recursos de hombres, ganados, bestias y dinero, y nos impedirá dedicarnos exclusivamente a la guerra contra los españoles del Perú.[140]

Hay quien ha visto en las medidas de Obando un talante populista cercano a las elites y los guerrilleros de Pasto. Con su actitud se ganó a los pastusos que lo elevaron al liderazgo de la ciudad y por qué no decirlo, al liderazgo de toda la región al simpatizar con las demandas de los indígenas.

El 27 de Agosto de 1828, Bolívar fue proclamado en Bogotá dictador de la Gran Colombia y mes y medio más tarde, el 15 de octubre, suprimió los Concejos Municipales e impuso una contribución personal de tres pesos y medio a los

---

[140] Perú de Lacroix, Luis. Citado en Medina Patiño, Isidoro. Op. Cit. Pág. 92.

indígenas del país para sustituir al impuesto colonial pasando por alto que los indios habían vivido de manera autónoma bajo la monarquía española, conservando sus leyes y costumbres, lo que les llevó en su mayoría a defender la corona contra los anhelos independentistas de una parte de los criollos.

La dictadura de Bolívar generó una gran oposición, circunstancia que fue aprovechada por Perú para invadir Ecuador que todavía formaba parte de la Gran Colombia, al tiempo que los generales José María Obando y José Hilario López se sublevaban en Pasto exigiendo libertades públicas y proclamando su lealtad a la constitución liberal de Cúcuta también conocida Constitución de la Gran Colombia o Constitución de 1821. El levantamiento en Pasto y en el Sur de Colombia se radicalizó a finales de 1828 y obtuvo el apoyo de otras regiones del país descontentas con el Libertador. La derrota peruana en la batalla de Tarquí atemperó la situación. La noticia de la victoria, que le iba a permitir disponer del ejército para terminar con la revuelta pastusa dirigida por Obando y López, la recibió Bolívar después del tratado de la Cañada del Juanambú (3 de Marzo de 1829) que autorizaba la entrada en Pasto del Libertador. Si Bolívar hubiese recibido la noticia de la victoria antes de la firma del acuerdo, nunca habría firmado el convenio como él mismo reconoció a los generales sublevados. Desconocía Bolívar que Obando y López sabían hacía una semana lo acontecido en la batalla y que eso fue lo que les llevó a firmar el tratado.

En esencia, el documento fue una humillación para Bolívar, que daba a los Pastusos todas las ventajas que no habían obtenido en tantos años de guerra. Fue también un armisticio en el cual el Libertador aceptó todas las concesiones que demandaban los Jefes de los Pastusos, con la única finalidad de que le permitieran pasar por Pasto en su tránsito hacia el Sur.

Al otro día (9 de marzo de 1829), habiéndose sabido la llegada de Bolívar a Pasto, vinieron varias personas del cantón de Túquerres a traerle las noticias oficiales de la derrota dada en Tarquí al ejército peruano, cuyo secreto había sido guardado hasta entonces con tanta fidelidad, bien que esa noticia no era sabida en Pasto sino de muy pocas personas de nuestra mayor confianza. Enajenado el general Bolívar con una nueva tan importante, prorrumpió en vivas no interrumpidas al ejército victorioso, a sus generales, a Obando y a mí. Era tal el gozo que sentía, que en esos raptos de entusiasmo, que le eran familiares, temieron sus ayudantes que pudiera precipitarse a la calle por una de las ventanas, y le tenían asido de los faldones de la casaca. "Ninguna gracia habrían hecho ustedes", nos decía a Obando y a mí, "ningún mérito habrían contraído ustedes, si el Tratado de La Cañada se hubiera hecho después de la batalla de Tarquí. Yo tendría entonces nada que agradecer a ustedes, porque no me habría sido difícil en combinación con el ejército del sur, reducir a ustedes por la fuerza". Ignoraba el general Bolívar que nosotros éramos sabedores de aquel acontecimiento una semana antes que él, y que sin esa circunstancia no le hubiera sido dado ocupar un palmo de la tierra entre el Guáitara y el Juanambú.[141]

Los puntos contemplados en el Tratado de la Cañada del Juanambú son los siguientes:

Art.1° El Gobierno protegerá en Pasto y en toda la República, la Religión Católica, Apostólica y Romana.

Art. 2° Habiendo el Gobierno convocado para el 2 de enero del año entrante la representación nacional, quedan así satisfechos los votos de todos los buenos ciudadanos de la República.

Art. 3° El decreto de perdón y olvido expedido el 26 de enero último, corresponderá a todos los que se han ingerido directa o indirectamente en el partido de oposición al Gobierno, hasta a los prisioneros de guerra, que serán puestos en libertad.

---

[141] Hilario López, José. Memorias del General José Hilario López. Tomo I. Págs. 194-195. Imprenta de D'Aubusson y Kugelmann. Paris. 1857.

Art. 4° Los eclesiásticos de Pasto y de su Provincia, y los otros lugares que hayan abrazado el partido, gozarán indistintamente de la misma inmunidad.

Art. 5° En la Provincia de Pasto no se reclutará por un año un solo individuo para el servicio de las armas; ni se exigirá contribución alguna ordinaria ni extraordinaria, en atención a sus padecimientos.

Art.6° Todo auxilio que se exija a dicha provincia será indemnizado por su justo valor.

Art. 7° Se dejarán en Pasto todas las armas y municiones que sean necesarias para su servicio, a disposición de su comandante de armas, para cuyo empleo el Gobierno tendrá presentes los jefes que tengan más popularidad en dicha provincia.

Art.8° Se pagarán mensualmente por el Gobierno las tropas que quedan en Pasto, sin gravar de manera alguna a sus vecinos.

Art. 9° El Gobierno premiará conforme a sus méritos a los jefes y oficiales que sirven actualmente en la Provincia de Pasto.

Art. 10° Serán libres de responsabilidad todos los jefes subalternos del mismo partido, por los efectos que hayan tomado para los gastos de las tropas.

Art. 11° Se admitirán en la casa de moneda de Popayán para su amonedación todos los oros en rieles o limallas que se presenten con certificación del colector de Pasto y que acrediten haber salido de ella o haber pagado sus derechos.

Art. 12° El Gobierno tendrá presentes los méritos y servicios de los empleados públicos que emigraron de Popayán, para destinarlos oportunamente.

Art. 13° No se competirá a tomar servicio por el espacio de un año en el ejército permanente a ningún individuo de los que actualmente sirven en la provincia de Pasto. Los forasteros podrán restituirse libremente a sus casas con el correspondiente pasaporte.[142]

La importancia entonces del Tratado de la Cañada del Juanambú radicaba en que en él se reconocía la necesidad de someter a los pastusos por la vía de la negociación sin recurrir a la fuerza de las armas. Bolívar no podía correr el riesgo de ser vencido otra vez cuando estaba a punto de terminar con la Guerra de emancipación de Hispanoamérica.

Como es evidente, en sus principales artículos el Tratado de la Cañada es muy generoso en cuanto a las concesiones que hizo el Libertador con el propósito de poder entrar en Pasto como un general victorioso. Sobresalen el artículo 3° que proclama el perdón y olvido para todo el mundo sea cual sea su circunstancia y la libertad inmediata para los prisioneros de guerra y el artículo 5° que exime (en atención a sus padecimientos) de cualquier contribución ordinaria o extraordinaria a la hacienda de la República. Esta exención de impuestos era una reclamación de los indígenas del sur que querían suprimir la referida contribución de tres pesos establecida por el dictador.

Empero, los artículos más importantes son los relacionados con la posibilidad de dejar en manos de los insurrectos todas las armas y municiones que tenían y a disposición de su comandante (artículo 7°), evidentemente el general José María Obando, y el artículo 11° que trata de que se aceptarán en la casa de la moneda de Popayán, todos los oros en rieles o limallas que se presenten con certificación del colector de Pasto y que acrediten haber salido de ella o haber pagado sus derechos.

Una vez firmado el tratado, Obando y López cedieron el paso a Bolívar y lo escoltaron hasta la ciudad, donde entró el 8

---

[142] Medina Patiño, Isidoro. Op. Cit. Págs. 100-101.

de marzo de 1828. Durante tres horas estuvo el Libertador a merced de los Pastusos, hasta que llegó el ejército que alivió sus temores.

Fue en Pasto, como recuerda Hilario López, donde Bolívar recibió la buen nueva de la victoria de Sucre sobre los realistas del Perú y preguntó a Obando y López, si ellos conocían la noticia, a lo que estos irónicamente contestaron que no. El Libertador no quería que se conociera el acuerdo al que se había visto abocado. No quería que su prestigio quedara manchado y pidió a Obando y López que no dieran publicidad al mismo. Así lo cuenta Hilario López en sus memorias (no reproducimos toda la conversación entre Bolívar, López y Obando, pero su lectura completa muestra una vez más el carácter rastrero y abyecto del Libertador):

> Pero ruego a ustedes no den publicidad al tratado de La Cañada, porque, repito, mi autoridad quedaría menguada, y en este estado no tendremos patria, no tendremos libertad. Nosotros ofrecimos, y lo cumplimos, durante la vida del general Bolívar, no dar a la prensa aquel documento, y si en Maracaibo se publicó por primera vez, sin duda fue mandada copia por alguno de los que estaban cerca del Dictador.[143]

El historiador inglés John Lynch, en su parcial biografía sobre Bolívar, ofrece la siguiente perspectiva de la reunión entre Bolívar, Obando y López. Ocultando obviamente la actitud indigna y despreciable que tan magistralmente describe López en lo obra citada anteriormente.

> Ansioso por avanzar hacia el Perú y deseando no tener que repetir los castigos de 1822, Bolívar decidió negociar con el rebelde Obando. Mediante dos sacerdotes presentó una oferta de amnistía a los rebeldes que depusieran las armas, mientras Obando envió a dos comisionados para que representaran sus puntos de vista. Al final, uno y otro se encontraron el 2 de Marzo en el puente

---

[143] Hilario López, José. Op. Cit. Pág. 197.

sobre el Rio Mayo, cerca de Berruecos. Bolívar asumió el riesgo de acudir sin sus propias tropas, confió en las buenas intenciones de Obando y cabalgó con él durante la noche. Eran la cierva junto a la Pantera pero, en última instancia, el Libertador mantuvo la sangre fría y ambos llegaron a un acuerdo. El 9 de Marzo informó a Urdaneta: Por fin entramos en Pasto y no mal recibidos por el pueblo y por Obando, este último será un buen amigo con el tiempo, según toda las muestras que no está dando. La realidad era bastante diferente, Obando aceptó las condiciones de Bolívar, que quería pasar seguro por Popayán y Pasto y avanzar hacia el Sur a través de Ecuador pero con un precio; su promoción al rango de General y que se eximiera del reclutamiento a Pasto durante un año. Bolívar se enteraría después de la victoria de Sucre sobre los peruanos en Tarquí y comprendería que había concedido demasiado.

En cuanto a Obando, un hombre sin vergüenza, ahora parecía reconciliado y sustituyó las exigencias sobre Bolívar con mensajes de arrepentimiento y promesas de buen comportamiento.[144]

El acuerdo fue un gran triunfo para los pastusos. Durante muchos años disfrutaron de una autonomía que con el tiempo les llevó a reconciliarse con la república. No habían ganado la guerra, pero moramente consiguieron mantener vivos sus ideales.

---

[144] Lynch, John. Simón Bolívar. A Life. Págs. 254-255. Yale University Press. Estados Unidos. 2006.

CONCLUSIÓN

L a visión del mundo y la sociedad que tenía Agustín Agualongo era tradicional. Todo nuevo orden que pretendiera cambiarla era contrario a su ideal y a su forma de vida. Inextricablemente unida a la tradición estaba la legitimidad monárquica personificada en la figura del rey de España Fernando VII, el amado y desconocido soberano de Agustín. El orden republicano que querían imponer los independentistas era contrario a la tradición y a la legitimidad, una tradición y legitimidad medievales tal vez, pero que le había permitido a España durante trescientos años mantener la unidad de su imperio. Por tanto, era perverso en sus orígenes y todo buen súbdito de la corona debía combatirlo.

El razonamiento de Agualongo era sencillo pero no exento de heroísmo y grandeza. Heroísmo porque estaba dispuesto a morir defendiendo sus ideales, luchando contra los republicanos en condiciones de inferioridad, burlando a las tropas enemigas durante 15 años. Grandeza porque mantuvo la lealtad a España, al rey y a sus principios, incluso instantes antes de ser fusilado. No adjuró de sus creencias ni aunque se le ofreció el perdón y el mantenimiento de honores y grados. Sólo tenía que jurar la constitución republicana, pero Agualongo ya había jurado una vez ante Dios defender al rey de España y a la religión católica y romper su juramente era ofender a Dios. Así era el imaginario de un hombre que vivía la tradición y que veía el mundo desde esta perspectiva. Por ello, Pasto, la ciudad natal de Agualongo, se levantó contra los intentos de independencia. Vivían de forma sencilla y nada era caótico pues su vida estaba regida y orientada por las leyes de la corona española, por las leyes del rey, después del Papa, el máximo representante de Dios en la tierra. Alterar estas reglas supondría el caos y exponerse al castigo divino. Los independentistas representaban una amenaza para su forma de vida regida prácticamente por leyes inmutables. Lo que pretendían significaba traicionar al rey, y por supuesto, traicionar a Dios.

Agualongo y los pastusos, que llegaron a sumar miles de hombres y mantuvieron en jaque a los ejércitos "patriotas", eran lo que a lo largo de la historia se han definido como contrarrevolucionarios, defensores de la tradición y opuestos a todo sistema que pueda alterar su modo de vida. El clero había inculcado en los nativos de Pasto a lo largo de los siglos la fe católica. Ir contra ella era ir contra Dios y contra su representante, el rey. Esto les disponía a morir si fuera necesario en defensa de la religión y de Fernando VII. Es fácil concluir que quienes se inclinaran por la independencia eran enemigos de la religión. Rey y religión formaban una unidad inquebrantable. Los dos integraban el gobierno y la sociedad.

Pasto pagó un alto precio por su lealtad al rey de España. Sobre sus vecinos se desencadenó la ira republicana con una crueldad que excede cualquiera de las brutalidades perpetradas durante la guerra de emancipación.

La esforzada resistencia de los pastusos habría inmortalizado la causa más santa o más errónea, si no hubiera sido manchada por los más feroces hechos de sangrienta barbarie con que jamás se ha caracterizado la sociedad más inhumana. Y en desdoro de las armas republicanas, fuerza es hacer constar que se ejercieron odiosas represalias allí donde una generosa conmiseración por la humanidad habría sido, a no dudarlo, más prestigiosa en el ánimo de los rudos adversarios contra quienes luchaban para atraerlos a adoptar un sistema menos repugnante a la civilización. Prisioneros degollados a sangre fría, niños recién nacidos arrancados del pecho materno, la castidad virginal violada, campos talados y habitaciones incendiadas, son horrores que han manchado las páginas de la historia militar de las armas colombianas, en la primera época de la guerra de la independencia; no menos que la de las campañas contra los pastusos, pues algunos de los jefes empleados en la pacificación de éstos, parecían haberse reservado la inhumana empresa de emular al mismo Boves[145] en terribles actos de sanguinaria venganza.

Los prisioneros fueron a veces atados de dos en dos, espalda con espalda, y arrojados desde las altas cimas que dominan al Guáitara, sobre las escarpadas rocas que impiden el libre curso de su torrente; perdiéndose sin eco, entre los horribles vivas de los inhumanos sacrificadores y el ronco estrépito de las impetuosas aguas, los gritos desesperados de las víctimas. Estos atroces asesinatos, en el lenguaje de moda entonces, fueron llamados matrimonios como para aumentar la tortura de aquellos infelices, tornándoles cruel, el de suyo grato recuerdo de los lazos que los ligaron a la sociedad en los días de su dicha. Declaraciones de los mismos verdugos han descorrido el velo que debiera siempre ocultar estas crueldades inauditas.[146]

La causa de tantos excesos fue la importancia de su posición estratégica en el mapa del conflicto y el valor derrochado por sus ciudadanos, que se decantaron por el amor a España y a la religión católica. Bolívar y el resto de "Libertadores" los tacharon de traidores, aviesos, ignorantes y trataron de exterminarlos. Pero de lo que no se les pudo acusar fue de cobardes. Su lealtad a la Madre Patria pasó a las anales de la historia como una de las más grandes gestas realizadas por todo un pueblo que puso en jaque a lo más granado de los ejércitos independentistas. Con el transcurrir de los años, los habitantes de Pasto fueron aceptando la causa republicana y olvidando las muchas humillaciones a las que fueron

---

[145] Tomás Boves. El mariscal español que luchó contra Bolívar en Venezuela.

[146] O'Leary, Daniel. Op. Cit. Págs. 580-581.

sometidos, pero consolidando una identidad propia que los distingue dentro de Colombia.

EPÍLOGO

Tras el fusilamiento, Agualongo fue enterrado en la Iglesia de San Francisco de Popayán. Durante mucho tiempo sus restos estuvieron desaparecidos hasta que el historiador Emiliano Díaz del Castillo se topó con ellos en el citado templo. Los huesos fueron llevados a un catedrático de anatomía humana de la Universidad del Cauca que junto a los botones y otras piezas de metal que se encontraron en la tumba pudo certificar casi con toda seguridad que los restos hallados pertenecían al legendario guerrillero y general realista si damos por válidas las palabras de Montezuma Hurtado.

...llegan noticias sobre el hallazgo (por fin) de los restos, tan persistentemente buscados. Parece que le cupo en suerte a otro buscador de las venerables reliquias, al Dr. Emiliano Díaz del Castillo, descubriéndolas en alguna dependencia de la iglesia de San Francisco, en Popayán, e identificándolas gracias a sus informaciones históricas personales y a la ayuda científica de destacados osteólogos de la mencionada ciudad.[147]

A principio de los años cincuenta del pasado siglo, coincidiendo con el aniversario de la creación del departamento de Nariño en el sur de Colombia, al que pertenece la ciudad de San Juan de Pasto, varias fueron las

---

[147] Montezuma Hurtado, Alberto. Op. Cit. Pág. 247.

voces que solicitaron trasladar a Pasto los restos del general
Agustín Agualongo.

El primer problema para llevar a cabo el traslado es que
no se sabía a ciencia cierta en qué lugar de la iglesia de San
Francisco en Popayán habían sido enterrados los restos
mortales de Agualongo. La Academia de Historia de Nariño
encomendó al historiador Emiliano Díaz del Castillo encontrar
el sitio del enterramiento y en su caso comprobar, si hubiese
algún cuerpo en la tumba, si los huesos correspondían al
famoso caudillo pastuso. La única referencia que se tenía era la
que había dado el investigador Arcesio Aragón quien años
atrás había intentado hallar los restos y que había descubierto
una lápida en el muro del templo en la que figuraba el nombre
de Patricio Bermeo en cuya sepultura, según el sacristán de la
iglesia, se habían enterrado al fondo de la misma antiguos
restos encontrados en el templo después de algunas reformas
que se hicieron. Díaz del Castillo con las autorizaciones
pertinentes excavó la fosa donde se suponía que descansaban
los restos mortales de Agustín Agualongo, pero halló dos
esqueletos que por sus características no correspondían con lo
que buscaba. No obstante, al fondo de la fosa encontró otros
restos humanos junto a botones de lo que podía haber sido un
uniforme realista (recordemos que Agualongo fue ejecutado
vistiendo la casaca de coronel del ejército español). Los restos
desenterrados fueron sacados de la cripta y enviados a la
facultad de medicina de la Universidad del Cauca, donde el
catedrático de anatomía forense, don José María Delgado
Paredes, dictaminó que en efecto esos restos correspondían a
Agustín Agualongo.

El 18 de agosto de 1980, el obispo de Popayán, Samuel
Buitrago Trujillo, autorizó el traslado de los restos de Agustín
Agualongo a su ciudad natal.

El 12 de octubre de 1983, superados todos los trámites
burocráticos necesarios, se realizó el traslado de los restos

mortales del general español don Agustín Agualongo Cisneros a la ciudad de Pasto. Se hicieron varios actos de homenaje, no sólo en la ciudad, sino en todo el departamento de Nariño, donde se honró la figura de éste indómito soldado pastuso. El recibimiento fue multitudinario tanto por parte de la población como de las autoridades.

El arca con los despojos de Agualongo se colocó en la capilla del Cristo de la Agonía situada dentro de la iglesia de San Juan Bautista en Pasto, en la que a la sazón se había erigido un sobrio panteón cerca de donde también está enterrado el capitán Hernando de Ahumada, hermano de Santa Teresa de Jesús, quien murió en enero de 1565 siendo teniente gobernador de Pasto.

Para desdicha de sus restos mortales, Agualongo no tuvo mucho tiempo para disfrutar del descanso eterno que se había merecido en el pequeño mausoleo de la capilla del Cristo de la Agonía, ubicada en la nave izquierda del templo de San Juan Bautista en Pasto. En 1987 fueron robados por un comando terrorista del M-19 a cargo de Antonio Navarro Wolff quien sobornó a un monaguillo de la iglesia para que les ayudara en la sustracción. Los terroristas ataron y amordazaron a las personas a cargo del cuidado y mantenimiento de la iglesia y forzando el arca en donde estaban guardados, se llevaron los restos de Agualongo que escondieron en casas de partidarios anónimos del movimiento guerrillero. Finalmente los transportaron al campamento de Santo Domingo donde amenazaron con destruirlos si no se cumplían sus condiciones para restituirlos. Tras la desmovilización del M-19, los restos fueron devueltos en 1990 y depositados nuevamente en el templo.

En el 2010, coincidiendo con la celebración del Bicentenario de la Independencia de Colombia y a iniciativa el gobierno del departamento de Nariño, el Comité departamental del Bicentenario, tras una sesión extraordinaria y solemne de la Academia Nariñense de Historia celebrada en el propio templo de San Juan Bautista, declaró ese año el "año de Agustín Agualongo" y se eligió el lema "por nuestra Tierra, Agualongo Vive" como eslogan representativo de las actividades que organizara el citado comité.

El antiguo jefe guerrillero del M-19, Antonio Navarro Wolff, elegido Gobernador de Nariño tras su reinserción a la vida pública y que había robado el arca que contenía los restos mortales del general realista años atrás, transportó el arca junto al alcalde de Pasto desde la Iglesia de San Juan Bautista hasta la Plaza de Nariño, donde se ofició una misa. Extrañó a muchos ciudadanos que la alcaldía de Pasto no se hubiera comprometido más en estos importantes eventos de identidad pastusa puesto que su participación se redujo al traslado de los restos de la iglesia a la plaza mayor y de unas pocas líneas publicadas en la página Web de la Alcaldía en las cuales se hacía referencia a Agualongo como un héroe realista y no como un luchador pastuso.

Durante los días en que el arca permaneció en la plaza fue escoltado por distintos representantes de las comunidades indígenas de Nariño: Pastos, Inga, Awá, Quillacingas, Siapidaras y Kofanes.

Aunque Agualongo despierta sentimientos encontrados en muchos colombianos, en general, y especialmente en su tierra de origen, se reconoce el valor de nuestro protagonista y la lealtad que siempre manifestó a sus ideales.

No pierde nada el ciudadano de la Colombia de hoy que estudie serenamente los tiempos, las influencias religiosas, el medio físico en que se desarrolló ese rudo e inverosímil capítulo de la historia del país, y la acción indómita, vendeana, soberbia, de Agustín Agualongo; no pierde nada ni en sus ideas ni en su nacionalismo, por el contrario, hace gala de imparcialidad, de calma de análisis, de formación liberal y de ánimo esclarecido para juzgar los acontecimientos del Sur que fueron la etapa postrimera en el proceso de consolidación de la patria libre. Algo perdería de altura en su estilo humano, si se dejara guiar por los espectros de un rencor tardío o por un desdén altanero e inútil, todo lo cual en alguna forma significara condenar todavía hoy y sin misericordia la actuación valerosa aunque ingenua, si se quiere, de los compatriotas que optaron por resistirse a la independencia. Y nadie que goce de sindéresis elemental y admita sin recelo que la desigualdad en los sentimientos es un principio simple en la humana filosofía se irritará con Agualongo porque se enfrentó a Bolívar, Sucre, Salom, Mires, Córdoba, Flórez, Valdés, Mosquera, Maza, Sanders y posiblemente a Nariño, también a otros astros de la constelación republicana, en nombre de su rey amado aunque desconocido, y de la religión que trajeron a San Juan de Pasto los franciscanos, los dominicos, los jesuitas, los mercedarios y las reverendísimas monjas del convento de la Concepción.[148]

Agualongo podía haberse salvado si hubiera renunciado a sus principios monárquicos y, por qué no decirlo, al amor hacia la Madre Patria a la que nunca conoció. Sólo tenía que jurar la constitución republicana. Pudo escoger y eligió la muerte antes que la traición. Sus palabras poco antes de morir "si tuviera veinte vidas, estaría dispuesto a inmolarlas por la religión y por el rey de España" demuestran el coraje de un hombre que no se amedrantó ante nada ni ante nadie a lo largo de toda vida.

En los 200 años transcurridos desde la ejecución del Agustín Agualongo, España nunca ha recordado ni reconocido la lealtad de esta figura prácticamente desconocida en nuestro país. Ni siquiera en las celebraciones de 2010 estuvo presente delegación alguna española para conmemorar a este ilustre hijo.

Quizá haya llegado el momento de que España rinda algún tipo de homenaje a éste leal servidor y defensor de la corona en momentos tan trágicos de nuestra historia.

---

[148] Montezuma Hurtado, Alberto. Op. Cit. Págs. 218-219.

Hasta que ese momento llegue, sirva este humilde trabajo como tributo a su memoria y a su lealtad olvidada.

BIBLIOGRAFÍA

-Elías Ortiz, Sergio. Agustín Agualongo y su Tiempo. Editorial Elocuencia. Bogotá. 1987.

-Montezuma Hurtado, Alberto. Banderas Solitarias. Vida de Agualongo. Ediciones del Banco de la República. Bogotá. 1981.

-Ortíz, Álvaro Pablo. Rebelde desde la Tradición: La Provincia de San Juan de Pasto contra la República (1810-1824). Formas de Hispanidad. Editores Joel Torregoza y Pauline Ochoa. Bogotá 2010.

-Medina Patiño, Isidoro. Bolívar, Genocida o Genio Bipolar. Impresión Visión Creativa. Colombia. 2009

-Restrepo, José Manuel. Historia de la revolución de la república de Colombia. Tomo Primero. Imprenta de José Jacquin. Paris. 1858.

-Espinosa, José María. Memorias de un Abanderado. Recuerdos de la Patria Boba. 1810-1819. Editorial Gotas de Tinta. Colombia. 2011.

-Hilario López, José. Memorias del General José Hilario López. Tomo I. Imprenta de D'Aubusson y Kugelmann. Paris. 1857.

-López, Manuel Antonio. Recuerdos Históricos del Coronel Manuel Antonio López. 1819 – 1826. Imprenta Nacional. Bogotá. 1955.

-Madariaga, Salvador. Bolívar. Tomo II. Editorial Espasa Calpe. Madrid.1975.

-Bolívar, Simón. Epistolarios Bolívar-Francisco de Paula Santander. Tomo I. Ediciones de la Presidencia de la República. Caracas. 1983.

-Obando, José María. Apuntamientos para la historia. Imprenta del Comercio. Lima. 1842.

-Cipriano de Mosquera, Tomás. Memoria sobre la Vida del General Simón Bolívar. Imprenta Nacional. Bogotá. 1954.

-Medina Patiño, Isidoro. Bolívar, Genocida o Genio Bipolar. Impresión Visión Creativa. Colombia. 2009.

-Ruiz Rivas, Guillermo. Bolívar, más allá del mito. Editorial Librería Piñango. Badalona. España. 1982.

-Restrepo, José Manuel. Historia de la revolución de la república de Colombia. Tomo Tercero. Imprenta de José Jacquin. Paris. 1858.

-Gangotena y Jijón, Cristóbal. Documentos Referentes a la Batalla de Ibarra con la narración Histórica de la Campaña de Pasto. Talleres tipográficos nacionales. Quito. 1923.

-Boletín de historia y antigüedades. Números 832-833. Imprenta Nacional. Colombia. 2006.

-Santander, Francisco de Paula. Cartas Santander-Bolívar 1823-1825. Tomo IV. Biblioteca de la Presidencia de la República. Bogotá. 1988.

-O'Leary, Daniel. Memorias del general O'Leary. Tomo II. Sociedad Española de Librería. Madrid.1883.

-Varela Jara, Amílcar. Batalla de Ibarra. Publicaciones Chaquiñaques. Ecuador. 2012.

-Santander, Francisco de Paula. Cartas y Mensajes del General Francisco de Paula Santander. Vol. IV. 1822-1824. Compilación de Roberto Cortázar. Talleres Editoriales de Librería Voluntad. Bogotá. 1954.

-Hamilton, John Potter. Viajes por el interior de las provincias de Colombia. Imprenta del Banco de la Republica. Bogotá. 1955. (Reimpresión).

-Hilario López, José. Memorias del General José Hilario López. Tomo I. Imprenta de D'Aubusson y Kugelmann. Paris. 1857.

-Lynch, John. Simón Bolívar. A Life. Yale University Press. Estados Unidos. 2006.

-Rodríguez Guerrero, Ignacio. Carácter del Pueblo Nariñense. Cultura Nariñense N° 18. Colombia 1969.

-Lecuna, Vicente. Cartas del Libertador. Tomo V. Lit. y Tip. del Comercio. Caracas, Venezuela.

-Guerrero Herrera, Gustavo. Documentos históricos de los hechos ocurridos en Pasto en la guerra de la independencia. Imprenta del Departamento. Pasto (Colombia). 1912.

-Friede, Juan. La Otra Verdad. Págs. Editorial Tercer Mundo. Bogotá. 1972.

-Corsi Otálora, Luis. Los Realistas Criollos. Ediciones Nueva Hispanidad. Buenos Aires 2007

-Posada Gutiérrez, Joaquín. Memorias Histórico- Políticas, Tomo I. Editorial Americana. Bogotá 1881.

-Palacios, M y Safford, F. Colombia, país fragmentado, sociedad dividida. Norma Editorial. Bogotá 2002.

-Arturo Bravo, Jorge A. Hombres Ilustres de Nariño. Ministerio de Gobierno. Colombia 1989.

-Zarama Rincón, Rosa Isabel. Héroes y Antihéroes en Pasto y Coro. Revista Montalbán N° 38. UCAB.

www.ingramcontent.com/pod-product-compliance
Lightning Source LLC
Chambersburg PA
CBHW020853090426
42736CB00008B/360